【象棋谱丛书】

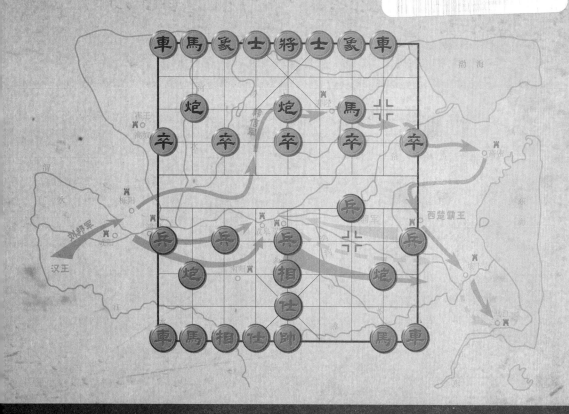

飞相对左中炮

黄少龙 段雅丽 杜彬 编

经济管理出版社·棋书中心

图书在版编目（CIP）数据

飞相对左中炮/黄少龙，段雅丽，杜彬编 . —北京：经济管理出版社，2016.11

ISBN 978-7-5096-4498-0

Ⅰ.①飞… Ⅱ.①黄… ②段… ③杜… Ⅲ.①中国象棋—布局（棋类运动） Ⅳ.①G891.2

中国版本图书馆 CIP 数据核字（2016）第 157637 号

组稿编辑：郝光明

责任编辑：王　琼

责任印制：黄章平

责任校对：超　凡

出版发行：经济管理出版社

　　　　　（北京市海淀区北蜂窝 8 号中雅大厦 A 座 11 层　100038）

网　　　址：www. E-mp. com. cn

电　　　话：（010）51915602

印　　　刷：三河市聚河金源印刷有限公司

经　　　销：新华书店

开　　　本：720mm×1000mm/16

印　　　张：12. 75

字　　　数：236 千字

版　　　次：2016 年 11 月第 1 版　　2016 年 11 月第 1 次印刷

印　　　数：1-5000 册

书　　　号：ISBN 978-7-5096-4498-0

定　　　价：35. 00 元

总　序

具有初、中级水平的棋友，如何提高棋力？这是大家关心的问题。

一是观摩象棋大师实战对局，细心观察大师在开局阶段怎样舒展子力、部署阵型，争夺先手；在中局阶段怎样进攻防御，谋子取势、攻杀入局；在残局阶段怎样运子，决战决胜，或者巧妙求和。从大师对局中汲取精华，为我所用。

二是把大师对局按照开局阵式分类罗列，比较不同阵式的特点、利弊及对中局以至残局的影响，从中领悟开局的规律及其对全盘棋的重要性。由于这些对局是大师们经过研究的作品，所以对我们有很实用的价值，是学习的捷径。

本丛书就是为满足广大棋友的需要，按上述思路编写的。全套丛书以开局分类共51册，每册一种开局阵式。读者可以选择先学某册开局，并在自己对弈实践中体会有关变化，对照大师对局的弈法找出优劣关键，就会提高开局功力，然后选择另一册，照此办理。这样一册一册学下去，掌握越来越多的开局知识，你的开局水平定会大为提高，赢棋就多起来。

本丛书以宏大的气魄，把象棋开局及其后续变化的巨大篇幅展示在读者面前，是棋谱出版的创举，也是广大棋友研究象棋的好教材，相信必将得到棋友们的喜爱。

黄少龙

2013.11.6

前　言

　　红方首着飞右相，黑摆左中炮是目前流行布局之一，因为红方可演变为屏风马、反宫马、单提马，黑方也有相关应法，这样变化很多，受到棋手们欢迎。

　　当红采用屏风马时，与中炮对屏风马阵式相似，颠倒了先后手。红多飞一步相对固防有利，但造成左车不通畅。此时红挺三兵较有攻击力，黑则升车巡河，兑车后再起右横车稳扎稳打。总之是红保持小先手，而黑小心翼翼，作为先手棋的红方要善于发现对方弱点，见缝插针，不甘心平稳成和。

　　红采用反宫马阵形较合适，故这种飞相结构有利，此时黑应改变战术，先开展右翼子力，等待红伸左炮封车时，再提左横车，然后占肋升巡河，伏挺边卒出马困炮，把攻击重点转到右翼。

　　此外，红还可采用鸳鸯炮阵式，但黑方只能谨慎从事，不中圈套，红方就占不到便宜。至于红方采用拐角马阵式，就容易吃亏了。

　　从理论上讲，黑摆中炮没有突出的战术，红方较易实现先稳后攻的方针，所以总的来看，对红方比较有利。

黄少龙　段雅丽

目　录

第一章　先手屏风马

第1局　谢盖洲胜姚嘉维

1. 相三进五	炮8平5	2. 马二进三	卒7进1
3. 兵七进一	马8进7	4. 马八进七	车9平8
5. 车一平二	马2进1?	6. 车九进一	炮2平4
7. 车九平六	车1平2	8. 炮八进二	士6进5（图1）
9. 车六进四	车8进4	10. 炮二退一！	车2平1
11. 炮二平八	车8进5	12. 马三退二	炮5平6
13. 车六平三	象7进5	14. 车三进二	炮6进5
15. 车三退三	炮6平3	16. 前炮进二	卒5进1
17. 前炮平一	车1平2	18. 炮一平五！	将5平6
19. 车三平四	士5进6	20. 炮八平四	士4进5
21. 车四平二（图2）			

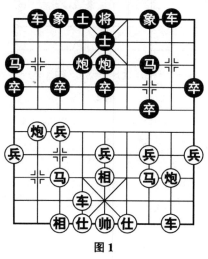

图1

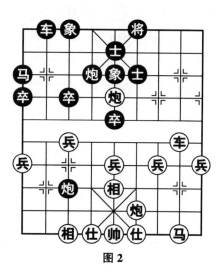

图2

第2局　金松负洪智

1. 相三进五　炮8平5
2. 马二进三　马8进7
3. 车一平二　车9平8
4. 马八进七　炮2平4
5. 车九平八　马2进3
6. 炮二进四　车1平2
7. 炮八进四（图3）炮4进5
8. 相五退三　卒7进1
9. 兵七进一　炮4退6
10. 炮二平三　炮4平3
11. 马七进六？车8进9
12. 马三退二　炮5进4!
13. 炮三进三　士6进5
14. 马六退七　炮5退1
15. 炮八平五　马3进5!
16. 车八进九　士5进4
17. 车八退四　卒3进1
18. 车八进一　卒3进1
19. 马七退九　马5进4
20. 帅五进一　炮5退2
21. 炮三退四　马4进6
22. 帅五平四　炮3平6（图4）

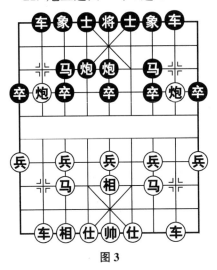

图3

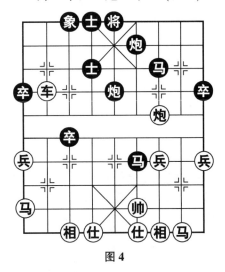

图4

第3局　于幼华胜李林

1. 相三进五　炮8平5
2. 马二进三　马8进7
3. 车一平二　车9平8
4. 马八进七　马2进3
5. 兵三进一　车8进4
6. 炮八进二　卒3进1
7. 马三进二　车8平4（图5）
8. 炮二平三　车1进1

9. 马二进三 炮5平4	10. 炮八平九 车1平6
11. 车九平八 卒3进1？	12. 马三退四！ 车4进4
13. 炮三进五 卒3进1	14. 炮九平五 炮4平5
15. 车八进七 马3进4	16. 马四进五 卒3进1
17. 仕四进五 车6进2	18. 马五退七 士6进5
19. 车二平四 车6平5	20. 车八平七 车5进2
21. 兵五进一 炮5进5	22. 仕五进六 卒3平4？
23. 炮三退二 炮5退1	24. 炮三平五！（图6）

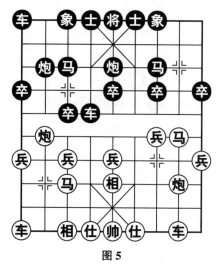

图5

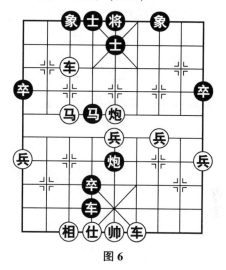

图6

第4局　袁洪梁胜庄永熙

1. 相三进五 炮8平5	2. 马二进三 马8进7
3. 车一平二 卒7进1	4. 兵七进一 车9平8
5. 马八进七 炮2平3	6. 马七进八 马7进6
7. 仕六进五 马6进4（图7）	8. 炮二进一 卒1进1
9. 炮八退一 炮3平4	10. 车九进二 士6进5
11. 马八退七 马4进3	12. 车九平七 马2进1
13. 车七平八 炮5平7	14. 炮二进三 卒7进1
15. 相五进三 炮7进4	16. 兵五进一 炮4平7
17. 兵五进一！ 车1进1	18. 兵五进一 车1平4
19. 车八进一 车4进7	20. 相三退五 后炮进5

21. 车八平三　炮7平9

22. 炮八进二　马1进2

23. 炮二进一！士5进6

24. 炮二退三（图8）

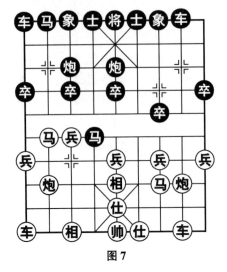

图7

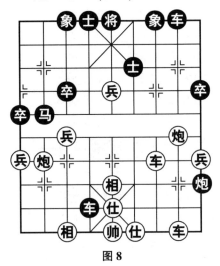

图8

第5局　徐天利胜徐永嘉

1. 相三进五　炮8平5

2. 马八进七　马8进7

3. 马二进三　车9平8

4. 车一平二　车8进6

5. 兵三进一　车8平7

6. 车二平三　马2进3

7. 兵七进一　车7平8

8. 炮二平一　卒5进1（图9）

9. 兵三进一！卒7进1

10. 马三进四　车8进1

11. 车三进五　车8平9

12. 车三进二　炮5进4？

13. 马七进五　炮2平7

14. 炮八平一　卒5进1

15. 马四进二　炮7进2

16. 马五退七　车1进1

17. 车九进一　车1平8

18. 车九平二　卒5平6

19. 马二退三　车8平7

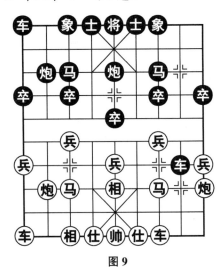

图9

20. 仕六进五　车7平2　　　21. 车二进四　象3进5

22. 马三进一　炮7进4　　　23. 炮一退一　卒6平7

24. 马一进二　马3进5　　　25. 炮一进五（图10）

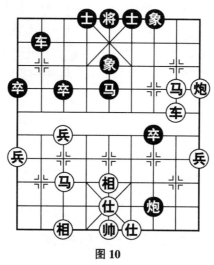

图 10

第6局　孙勇征胜邱东

1. 相三进五　炮8平5　　　2. 马二进三　马8进7

3. 马八进七　车9平8　　　4. 车一平二　马2进1

5. 兵三进一　炮2平4

6. 车九平八　车1平2

7. 仕六进五　车2进4

8. 炮八进二（图11）炮4进3

9. 炮二进六　卒7进1

10. 炮八平七！车2进5

11. 马七退八　卒7进1

12. 炮七进五　将5进1？

13. 相五进三　炮4退4

14. 炮二退四　车8进3

15. 马八进七　卒1进1

16. 兵七进一　马1进2

17. 相三退五　卒5进1

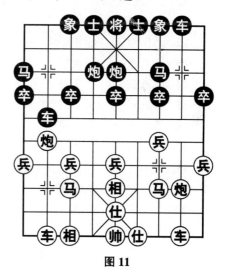

图 11

18. 炮七平八　马7进6
19. 炮二进一！将5平6
20. 炮八退三　车8退1
21. 马三进四　炮4进2
22. 炮八进一　炮4退1
23. 炮八平五　马6退5
24. 车二平三　马2进3
25. 炮二退二（图12）

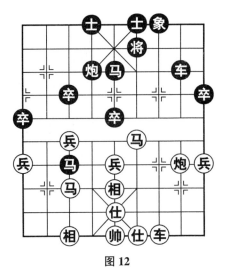

图12

第7局　付光明负蔡福如

1. 相三进五　炮8平5
2. 马二进三　马8进7
3. 车一平二　车9平8
4. 马八进七　马2进1
5. 兵三进一　炮2平4
6. 车九平八　车1平2
7. 仕四进五　卒1进1
8. 炮八进二　车8进6
9. 马三进四　车8退3（图13）
10. 炮八进二　车2进1！
11. 炮二进二　车2平6
12. 马四退三　炮4平3
13. 炮八进一　车6进3
14. 车八进六　卒7进1
15. 车八平七　马7退5
16. 炮八平五　象7进5
17. 车七退二　卒7进1
18. 相五进三　车6进2
19. 马三进四　象5进3
20. 车七平五　炮3平8
21. 马四进五　马5进6
22. 车五进一　象3退5
23. 马五退七　士6进5

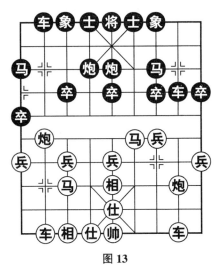

图13

24. 前马退五　马 6 进 7　　　　　　25. 车五平六　炮 8 进 3

26. 相七进五？炮 8 平 5！（图 14）

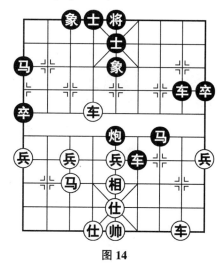

图 14

第 8 局　孟立国胜朱贵宝

1. 相三进五　炮 8 平 5　　　　　　2. 马二进三　马 8 进 7

3. 车一平二　车 9 平 8　　　　　　4. 兵三进一　车 8 进 6

5. 马八进七　卒 3 进 1　　　　　　6. 马三进四　车 8 退 2（图 15）

7. 炮八退一！马 2 进 3

8. 炮八平三　马 3 进 4

9. 马四进六　车 8 平 4

10. 车九平八　炮 2 平 3

11. 炮二平三　卒 3 进 1？

12. 兵七进一　炮 3 进 5

13. 前炮平七　炮 5 进 4

14. 仕四进五　象 3 进 5

15. 车八进三　炮 5 退 1

16. 车二进七　马 7 退 5

17. 车八平五　炮 5 退 1

18. 车五平四　马 5 退 3

19. 车四进五　马 3 进 4

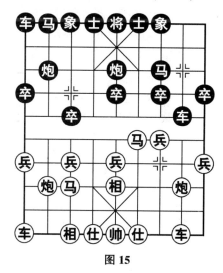

图 15

20. 帅五平四　炮5平6　　　21. 车二平五　士4进5
22. 炮三进五！车1进2　　　23. 车五平三　象7进9
24. 车三平一　将5平4　　　25. 炮七平六　炮6退2
26. 炮三进三（图16）

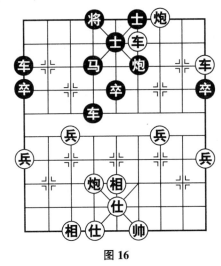

图16

第9局　蒋志梁胜喻之青

1. 相三进五　炮8平5　　　2. 马二进三　卒7进1
3. 兵七进一　马8进7
4. 马八进七　车9平8
5. 车一平二　炮2平3
6. 马七进八　马7进6
7. 仕六进五　马6进5
8. 炮二进四　马2进1（图17）
9. 兵九进一　马5进7
10. 炮八平三　车1平2
11. 马八进九　炮3平4
12. 兵九进一　车2进6？
13. 兵七进一！车8进2
14. 兵七平六　炮4退1
15. 兵六进一　车2平4

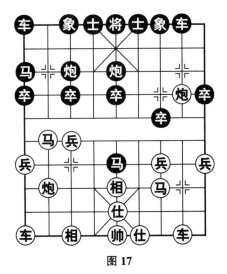

图17

16. 兵六平五　炮 5 退 1
17. 车二进四　车 4 进 2
18. 车九进二　车 8 平 4
19. 炮三退一　前车退 2
20. 炮二进三　炮 5 平 7
21. 车二平四　士 4 进 5
22. 炮三进四　炮 7 进 5
23. 炮三平五　将 5 平 4
24. 炮五进三！　将 4 平 5
25. 车四进五　将 5 进 1
26. 车四平五　将 5 平 6
27. 兵五进一（图 18）

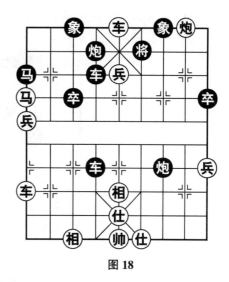

图 18

第 10 局　张惠民胜陈孝堃

1. 相三进五　炮 8 平 5
2. 马八进七　马 8 进 7
3. 马二进三　车 9 平 8
4. 车一平二　马 2 进 1
5. 兵三进一　炮 2 平 4
6. 车九平八　车 1 平 2
7. 仕四进五　车 2 进 6
8. 炮二进一　卒 1 进 1（图 19）
9. 兵七进一　车 2 退 2
10. 炮八进二　炮 4 退 1
11. 车八进三　卒 7 进 1
12. 马七进六　炮 5 平 4
13. 兵七进一！　车 2 平 3
14. 兵三进一　车 3 平 7
15. 炮八平七　后炮平 3
16. 马三进二　车 8 平 9
17. 炮七进四　马 1 退 3
18. 车二平三　车 7 进 5
19. 相五退三　马 3 进 5
20. 兵五进一　炮 4 平 3
21. 相七进五　车 9 进 1
22. 炮二平五　车 9 平 8
23. 马二退四　车 8 平 6？

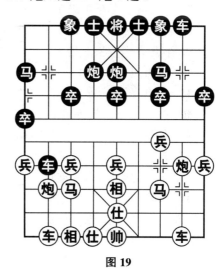

图 19

24. 兵五进一! 卒 5 进 1　　　**25.** 马四进五　士 6 进 5

26. 马五进六　将 5 平 6　　　**27.** 炮五平四（图 20）

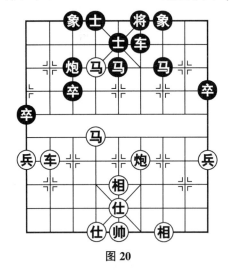

图 20

第 11 局　郭福人胜熊学元

1. 相三进五　炮 8 平 5　　　**2.** 马二进三　马 8 进 7

3. 马八进七　车 9 平 8　　　**4.** 车一平二　车 8 进 4

5. 炮二平一　车 8 进 5　　　**6.** 马三退二　马 2 进 3

7. 兵三进一　车 1 进 1

8. 马二进三　卒 5 进 1（图 21）

9. 车九进一　卒 5 进 1

10. 兵五进一　车 1 平 4

11. 车九平四　马 3 进 5

12. 兵五进一　炮 5 进 2

13. 仕四进五　炮 5 进 1

14. 炮八进四　马 5 进 4

15. 马七进五　卒 3 进 1

16. 车四进五　车 4 平 8

17. 车四平六! 马 4 进 2

18. 炮一退一　炮 2 平 5？

19. 炮八进三　士 6 进 5

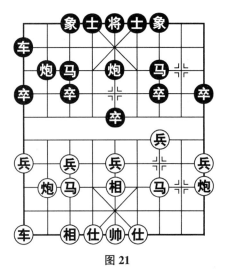

图 21

20. 车六平七　车 8 进 7
21. 车七进三　将 5 平 6
22. 车七退四　将 6 进 1
23. 车七平四　后炮平 6
24. 炮八平七　卒 7 进 1
25. 车四退一　炮 5 退 2
26. 兵三进一　炮 5 平 3
27. 仕五进六！（图 22）

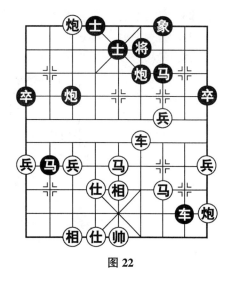

图 22

第 12 局　徐天红负林宏敏

1. 相三进五　炮 8 平 5
2. 马二进三　马 8 进 7
3. 车一平二　车 9 平 8
4. 马八进七　马 2 进 1
5. 炮二进四　卒 7 进 1
6. 兵七进一　炮 2 平 3
7. 车九平八　车 1 平 2
8. 炮八进四　卒 3 进 1（图 23）
9. 马七进六　卒 3 进 1
10. 相五进七　车 2 进 1
11. 相七退五　车 2 平 4
12. 车八进四　车 4 进 3
13. 车二进四？马 1 进 3！
14. 炮二平七　炮 3 进 7
15. 仕六进五　车 8 进 5
16. 兵三进一　车 8 退 4
17. 马三进四　车 4 平 3
18. 炮七退六　炮 5 进 4
19. 炮七平六　卒 7 进 1
20. 马四退三　炮 5 退 2
21. 马三进五　卒 7 平 6
22. 马五退七　象 7 进 5
23. 炮八进三　卒 6 平 5

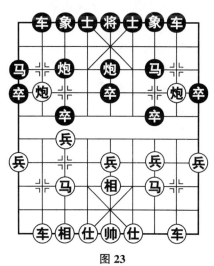

图 23

24. 炮六平七　车3平4　　　25. 炮七平六　车4平3

26. 炮六平七　车3平4　　　27. 马六退八　车8进5

28. 车八进三　马7进8（图24）

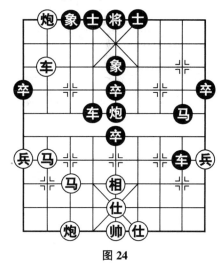

图 24

第 13 局　葛超然负柳大华

1. 相三进五　炮8平5　　　2. 马二进三　马8进7

3. 车一平二　车9平8　　　4. 马八进七　马2进1

5. 兵七进一　车8进4

6. 炮二平一　车8进5

7. 马三退二　车1进1

8. 车九进一　车1平8

9. 马二进四（图25）车8进3

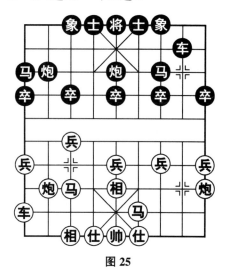

10. 车九平六　士6进5

11. 车六进三　炮5平6

12. 马七进八　炮2平4

13. 兵三进一　卒1进1

14. 马八进七？马1进3

15. 炮八平七　车8平6

16. 马四进三　将5平6!

17. 炮七进四　炮6平5!

图 25

18. 兵五进一　车6进5

19. 帅五进一　卒7进1

20. 兵三进一　车6退3

21. 兵三进一　车6平7

22. 兵三进一　炮4平7

23. 炮一进四　车7平9

24. 炮一平三　车9平6

25. 兵七进一　车6退1

26. 车六平七?　炮5进3

27. 帅五平六　卒5进1

28. 仕六进五　车6退2（图26）

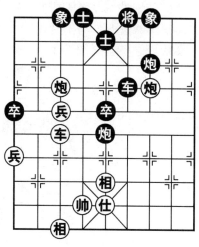

图 26

第 14 局　于幼华胜洪智

1. 相三进五　炮8平5　　　　**2.** 马二进三　马8进7

3. 马八进七　炮2平4　　　　**4.** 兵七进一　马2进1

5. 炮二进二　车9平8　　　　**6.** 车一平二　车8进4

7. 车九进一　车8平4　　　　**8.** 兵三进一　士4进5（图27）

9. 马三进四　车4平2　　　　**10.** 炮八退一　车2进3?

11. 马四进六!　卒3进1

12. 炮八平三　车1平2

13. 炮三进五　象7进9

14. 炮二进四　卒3进1

15. 炮二平三　将5平4

16. 车二进八!　前车平3

17. 前炮进一　将4进1

18. 马六进五　车3平4

19. 仕四进五　车4退1

20. 马五进三　炮4进7

21. 前炮退二　车2进2

22. 马三退五　车2平5

23. 前炮进一　将4退1

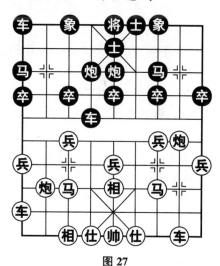

图 27

24. 前炮进一　将4进1　25. 车九平八　车5平3

26. 车八进七　马1退3　27. 后炮进二　将4进1

28. 后炮平七（图28）

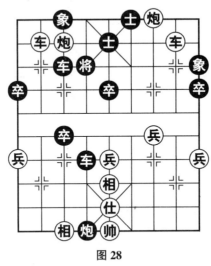

图 28

第15局　陈富杰负潘振波

1. 相三进五　炮8平5　2. 马二进三　马8进7

3. 车一平二　车9平8　4. 马八进七　卒7进1

5. 兵七进一　炮2进4

6. 兵九进一　炮2平7

7. 车九平八　马2进3（图29）

8. 炮二进四　炮5平6

9. 马七进六　象3进5

10. 炮八进四　士4进5

11. 马六进五　马3进5

12. 炮八平五　炮6进4

13. 炮五退一　卒7进1

14. 兵七进一　马7进6

15. 车二进五　马6进8!

16. 马三退一　炮7平5

17. 仕四进五　马8进9

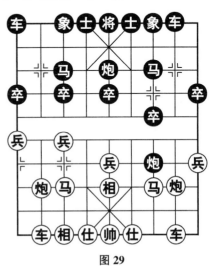

图 29

18. 车二退三　炮6退2

19. 车二平一　车8进3

20. 车一平四　炮6平9

21. 车八进三　炮9进4

22. 帅五平四　车8平5

23. 车八平五　卒3进1

24. 相五进三　车1平2

25. 车四进六　车2进2

26. 相三退五　车2平4

27. 车四退三　车4进2！

28. 车五平八　将5平4

29. 车八进六　将4进1（图30）

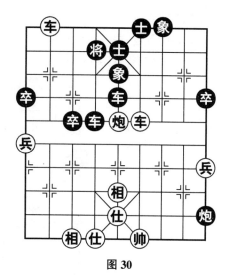

图 30

第 16 局　刘殿中胜王贵福

1. 相三进五　炮8平5

2. 马八进七　马8进7

3. 马二进三　马2进1

4. 兵三进一　炮2平3

5. 车九平八　车9平8

6. 车一平二　车8进4

7. 炮八进二　卒3进1

8. 马三进二　车8平4

9. 马二进三　炮5平4（图31）

10. 炮八进三！车1平2

11. 炮八平六　车2进9

12. 炮六平九　车2退2?

13. 炮九平三　炮3进4

14. 马三退四　车4进4

15. 相七进九　车2平1

16. 炮三平七！炮3退4

17. 马七退八　车1平5

18. 马四退五　车4平2

19. 炮二平三　象7进5

20. 车二进六　炮3平2

21. 车二平五　炮2进7

22. 仕六进五　炮2平1

23. 帅五平六　车2进1

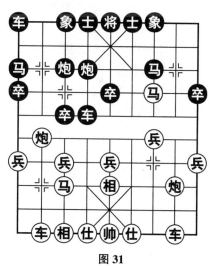

图 31

· 15 ·

24. 帅六进一　车2退3　　25. 马五进三　车2平4
26. 仕五进六　炮1平5　　27. 车五平一　卒3进1
28. 帅六退一　车4平5　　29. 马三进一（图32）

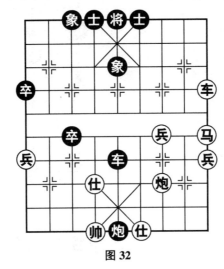

图 32

第 17 局　林宏敏负王斌

1. 相三进五　炮8平5　　2. 马二进三　马8进7
3. 车一平二　车9平8　　4. 马八进七　马2进1
5. 兵三进一　炮2平4
6. 车九平八　车1平2
7. 仕四进五　车2进4
8. 炮八平九　车2平6
9. 车八进四　车8进6
10. 兵九进一　卒1进1（图33）
11. 兵七进一　卒1进1
12. 车八平九　士4进5
13. 炮九进一　车8退2
14. 马七进六　车6平2
15. 炮二进一　卒7进1
16. 兵七进一　车2平3
17. 马六退四　卒7进1

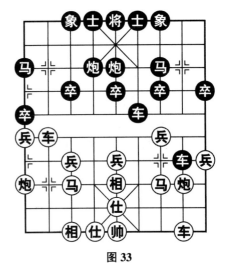

图 33

18. 车九平三　象7进9

19. 炮九平六　炮4平3

20. 马四进二　车8平7

21. 车三进一　车3平7

22. 炮二退二　马1进2

23. 炮二平三　炮5进4!

24. 炮六平七　车7平3

25. 炮七退二　炮5平4

26. 马二进三　象9进7

27. 后马进四　炮4进2

28. 车二进八?　车3进4

29. 炮三平六　车3平4 （图34）

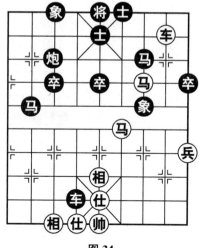

图 34

第18局　柳大华胜蒋川

1. 相三进五　炮8平5

2. 马二进三　马8进7

3. 车一平二　车9平8

4. 马八进七　马2进1

5. 兵三进一　炮2平4

6. 车九平八　车1平2

7. 仕四进五　车2进4

8. 炮八平九　车2平4

9. 兵九进一　卒1进1

10. 炮九进三!　车8进6 （图35）

11. 车八进四　士4进5

12. 车八平四　炮4平3

13. 兵七进一　炮5平4

14. 车四退二!　车4平2

15. 马三进四　车8平9

16. 炮二平三　象3进5

17. 炮三进四　卒3进1?

18. 炮九平七!　炮3进3

19. 炮七平三　炮3平7

20. 后炮进二　炮7退3

21. 马四进二　车9退2

22. 炮三进三　象5退7

23. 马二进三　象7进5

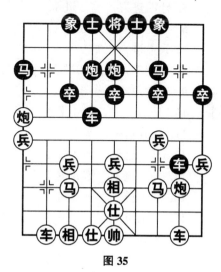

图 35

24. 马七进六　车2平7	25. 马六进五　车7退1
26. 马三进五　士6进5	27. 车四进六　车7退3
28. 车二进八　士5退4	29. 车四平六（图36）

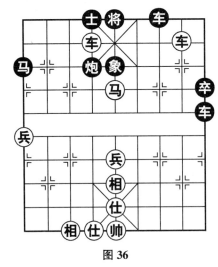

图 36

第 19 局　李来群胜林明彦

1. 相三进五　炮8平5	2. 马八进七　马8进7
3. 马二进三　卒7进1	4. 兵七进一　车9进1

5. 仕四进五　马2进1

6. 兵九进一　卒3进1

7. 兵七进一　车9平3

8. 马七进六　车3进3（图37）

9. 马六退八　车3退2

10. 马八退六　车3平4

11. 兵九进一　卒1进1

12. 车九进五　炮2进2

13. 马六进七　炮5退1

14. 炮二进五！象3进5

15. 马七进八　车4平3

16. 车一平四　炮5平4

17. 车四进七　车3进1

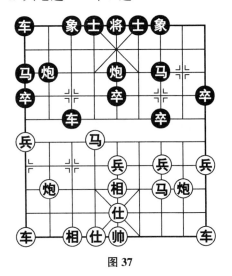

图 37

18. 车四平三 炮4进1

19. 炮二退一 卒5进1

20. 炮二平五 士4进5

21. 车三退一 炮4进4

22. 车三平四 炮2平3

23. 车九平七 车3平2

24. 车七平六 炮4平3

25. 炮八平六 炮3退6

26. 车六平五 马1进2

27. 车五平四 马2进4

28. 炮五退二 车1进3

29. 后车平七! 车2平3

30. 车四平六 （图38）

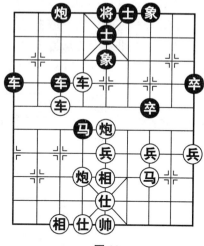

图 38

第 20 局　李智屏胜蔡忠诚

1. 相三进五 炮8平5

2. 马二进三 马8进7

3. 车一平二 车9平8

4. 马八进七 卒7进1

5. 兵七进一 炮2平3

6. 马七进八 马7进6

7. 仕六进五 车8进6

8. 兵九进一 炮5平7 （图39）

9. 炮二平一 车8进3

10. 马三退二 炮7进4?

11. 兵五进一 炮3平8

12. 炮一平三 象3进5

13. 马二进四 炮8进4

14. 兵九进一! 马2进4

15. 兵九进一 炮7平9

16. 车九进五 卒3进1

17. 兵七进一 马6进4

18. 兵七平六 车1平3

19. 兵六进一 卒5进1

20. 兵九平八 车3进6

21. 马八进六 士6进5

22. 兵五进一 炮8退1

23. 兵五进一 炮9进3

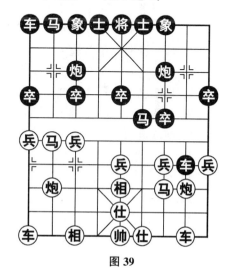

图 39

24. 炮三退二　炮8平5　　　25. 车九退五　车3平6

26. 马六进四！炮5退1　　　27. 车九进五　炮5进4

28. 车九平六　前马进3　　　29. 后马退二！炮9退5

30. 车六退三（图40）

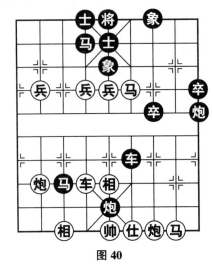

图 40

第 21 局　戴荣光胜臧如意

1. 相三进五　炮8平5　　　2. 马二进三　马8进7

3. 车一平二　车9平8

4. 兵三进一　车8进4

5. 马八进七　卒7进1

6. 兵三进一　车8平7

7. 马三进二　马2进3

8. 车九进一　车1进1（图41）

9. 炮八进二　车1平4

10. 炮二平三　马3退5

11. 车九平四　车7平8

12. 车四进七！象7进9

13. 兵七进一　车4进3

14. 仕四进五　炮2退1

15. 车四退一　炮5平4

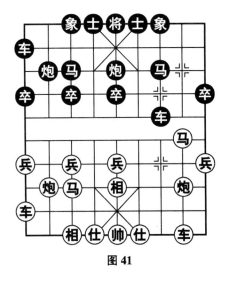

图 41

16. 兵七进一　车4进4
17. 兵七进一　象3进5
18. 车四退三　车4退4
19. 车二平四　马5退7
20. 炮三平二　车8平7
21. 兵七进一　炮4进1
22. 炮八进三！士4进5
23. 炮八平五　将5平4
24. 炮五平一　炮2进3
25. 炮一进二　炮4平3
26. 前车平八　炮3平2
27. 车八平六　车4进1
28. 马七进六　前炮平5
29. 兵七进一　炮2进6
31. 兵七平六（图42）

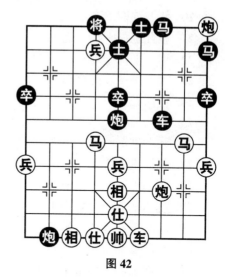

图 42

30. 炮二平三　前马退9

第 22 局　于幼华负刘殿中

1. 相三进五　炮8平5
2. 马二进三　马8进7
3. 车一平二　车9平8
4. 马八进七　马2进1
5. 兵三进一　炮2平4
6. 车九平八　车1平2
7. 仕四进五　车2进4
8. 炮八平九　车2平4
9. 炮二进一　卒1进1
10. 车八进四　炮5退1（图43）
11. 兵三进一　卒7进1
12. 车二平四　车4平2
13. 车八进一　马1进2
14. 炮二平三　象7进5
15. 兵七进一　炮5平8
16. 炮九进三　炮8进6！
17. 车四平二？卒7进1！
18. 炮三进四　炮4平7
19. 马三退四　车8进5

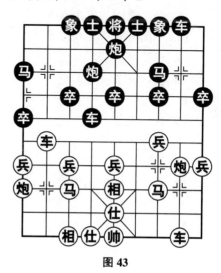

图 43

20. 仕五进四　卒7进1
21. 炮九退一　车8退1
22. 炮九平八　炮7平8
23. 兵九进一　前炮退1
24. 仕四退五　卒3进1
25. 炮八退一　马2进3!
26. 兵七进一　象5进3
27. 相五进七　象3退5
28. 车二平一　车8平2
29. 炮八平九　前炮进1
30. 车一平三　卒7平8
31. 车三进七　车2进3
32. 马四进三　前炮平3（图44）

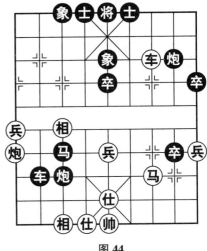

图 44

第 23 局　李国勋负陈孝堃

1. 相三进五　炮8平5	2. 马八进七　马8进7
3. 马二进三　车9平8	4. 车一平二　卒7进1
5. 兵七进一　炮2平3	6. 马七进六　马2进1
7. 车九进一　车1平2	8. 炮八平七　车2进6（图45）
9. 车九平四　炮5进4	10. 马三进五　车2平5

11. 炮二进四　象7进5
12. 车四进五　士6进5
13. 车四平三　车5退1
14. 马六进七　马1进3
15. 炮七进四　车8进2!
16. 仕四进五　象3进1
17. 兵九进一　车5平4
18. 车二平四　车8退2
19. 车三平四　卒5进1
20. 后车进三　卒5进1
21. 后车平八　象1退3
22. 车八进五　炮3平1
23. 车八退五　车4退1

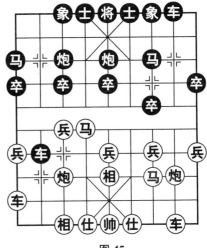

图 45

24. 炮七进二　车4平5
25. 炮七平九　卒5进1
26. 炮九进一　炮1平4
27. 车八进五　卒5进1
28. 相七进五　车5进3
29. 帅五平四　车5平8
30. 车八平六　前车进2
31. 帅四进一　前车退6
32. 车四进二　炮4进6!（图46）

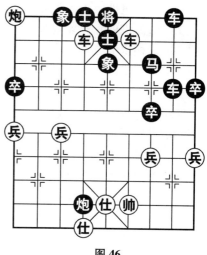

图46

第24局　胡荣华胜戴荣光

1. 相三进五　炮8平5
2. 马二进三　马8进7
3. 车一平二　车9平8
4. 兵三进一　车8进6
5. 马八进七　车8平7
6. 车二平三　马2进1
7. 兵七进一　车7平8
8. 车三平二　车1进1（图47）
9. 车九进一　车1平4
10. 马三进四　炮5进4?
11. 马七进五　车8平5
12. 马四进三　车4进4
13. 仕四进五　车5平8
14. 车二平四　士4进5
15. 兵九进一　炮2进4
16. 车九进二　车8平9
17. 炮二平三　马1退3
18. 马三退四　马7退9
19. 兵三进一　象7进5
20. 兵三进一　马3进4
21. 炮三进二　车4进3
22. 炮八平六　车4平2
23. 马四进六　车9平4

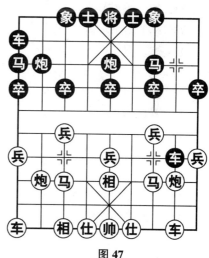

图47

24. 马六进四　士5进6
25. 炮六进四！车4退3
26. 马四退五　车4进3
27. 马五退六　车2进1
28. 车四进七　马9退7
29. 炮三进五　象5退7
30. 帅五平四　士6进5
31. 车四平八！车4平7
32. 车九平八　车2退3
33. 车八退四（图48）

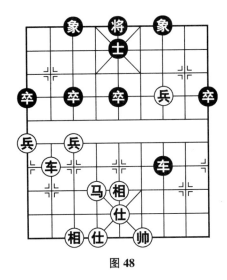

图 48

第 25 局　王嘉良胜蒋志梁

1. 相三进五　炮8平5
2. 马二进三　马8进7
3. 车一平二　车9平8
4. 马八进七　炮2平4
5. 车九平八　马2进3
6. 仕六进五　车1平2
7. 炮八进四　卒7进1
8. 兵七进一　车8进6（图49）
9. 炮二平一　车8平7
10. 车二进二　卒7进1
11. 相五进三！车7退1
12. 相七进五　车7退1
13. 炮一退二　卒3进1？
14. 炮一平三　车7平5
15. 马三进四　象7进9
16. 马四退六　车5平4
17. 马六进七　炮4退1
18. 炮三进六　炮4平3
19. 车二平四　士4进5
20. 车八平六　卒5进1
21. 车四进四　卒5进1
22. 炮八平七　车4进5
23. 帅五平六　车2进3

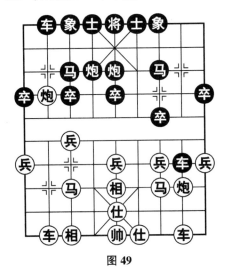

图 49

24. 前马退五　炮3进2

25. 炮三平七　马7进5

26. 炮七进三　车2退3

27. 炮七退一　炮5进3

28. 兵五进一　车2进7

29. 兵五进一　车2平3

30. 车四平五！车3平5

31. 车五平七　马3退1

32. 车七平九　马1进3

33. 车九进一　马3进2

34. 车九进二　士5退4（图50）

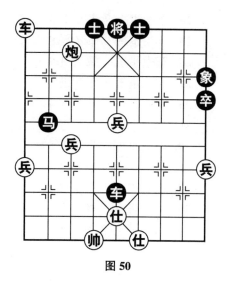

图 50

第 26 局　聂铁文胜洪智

1. 相三进五　炮8平5

2. 马二进三　马8进7

3. 车一平二　车9平8

4. 马八进七　炮2平4

5. 车九平八　马2进3

6. 炮八平九　车8进6

7. 兵七进一　车1进1

8. 车八进六　车8平7（图51）

9. 马七进六　车7退2

10. 车八平七　车1平8

11. 仕四进五　车7平4

12. 马六退七　象3进1

13. 炮九平八　车4平7

14. 马三进四　车7平2

15. 炮八进二　卒7进1

16. 马四退三　车8进5

17. 炮二平一　车8平7

18. 车二进二　车7平9

19. 马三进二　士4进5

20. 车二平四　卒1进1

21. 炮一平三　车9平7

22. 兵七进一！象1进3

23. 炮八平七　车2进2

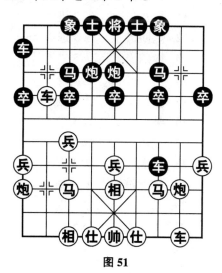

图 51

24. 车七退一　车2平3

25. 马二退一　车7平9

26. 车七平三　象7进9

27. 炮三进五！车3进1

28. 车三退一　马3进4

29. 炮三平六　士5进4

30. 炮七平五　马4进5？

31. 车三平四！炮5进3

32. 前车进五　将5进1

33. 后车进六　将5进1

34. 前车平五（图52）

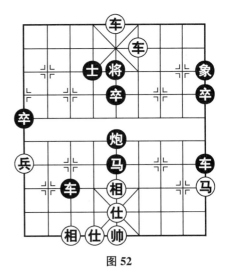

图 52

第27局　焦明理负李群

1. 相三进五　炮8平5	2. 马二进三　马8进7
3. 车一平二　车9平8	4. 马八进七　马2进3
5. 兵七进一　车8进4	6. 炮二进二　卒7进1
7. 车九进一　炮2进4（图53）	8. 炮二平四？车8进5
9. 马三退二　炮2平3	10. 炮八退一　车1平2

11. 炮八平七　车2进6

12. 炮四进三　马3退5

13. 炮四退五　马7进6

14. 马二进三　炮3进2

15. 车九平七　马6进5！

16. 马七进五　炮5进4

17. 仕六进五　炮5平1

18. 兵七进一　卒3进1

19. 车七进四　车2平7！

20. 马三退一　象7进5

21. 车七进一　马5进7

22. 车七平九　炮1平9

23. 车九退二　卒5进1

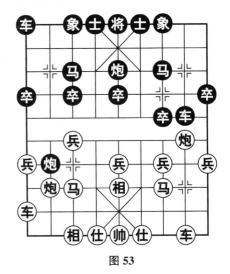

图 53

24. 炮四平三　卒9进1
25. 车九进二　马7进6
26. 车九平四　马6进5
27. 炮三平二　卒5进1
28. 炮二进七　士6进5
29. 车四平三　士5进4
30. 车三进三　将5进1
31. 车三平六　车7进2
32. 马一退三　马5进3
33. 炮二退七　马3退4
34. 车六退二　炮9平1 (图54)

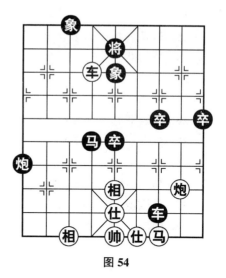

图54

第28局　付光明胜于幼华

1. 相三进五　炮8平5
2. 马二进三　卒7进1
3. 兵七进一　马8进7
4. 马八进七　车9平8
5. 车一平二（图55）炮2进4?
6. 马七进八　马7进6
7. 车九进一　马6进5
8. 马三进五　炮5进4
9. 仕四进五　马2进1
10. 车九平六　炮5平1
11. 车六进七　士6进5
12. 炮二进五　象7进5
13. 兵七进一! 卒3进1
14. 马八进六　马1进3
15. 车六退二　马3进1
16. 车六平五　炮2退4
17. 马六进四　车8进1
18. 车二进二　炮2平8
19. 马四进二　车1平2
20. 马二退四　车8平6
21. 相五进七! 炮1平5
22. 帅五平四　车2进6
23. 炮八平四　炮5平6

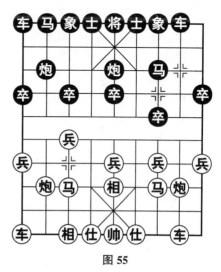

图55

24. 帅四平五　　车2平4
25. 车五平九！　车4退5
26. 马四进二　　车6平8
27. 车九退一　　车4进2
28. 车九平七　　车4平7
29. 炮四平五　　炮6退4
30. 车七平三　　车7平5
31. 车三平二　　炮6退2
32. 马二退四　　车8平6
33. 马四退三　　车6进5
34. 前车进一　（图56）

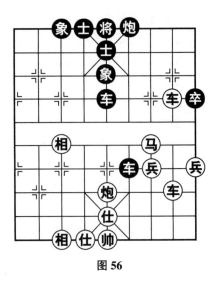

图 56

第 29 局　　李国勋胜邓颂宏

1. 相三进五　　炮8平5
2. 马八进七　　马8进7
3. 马二进三　　车9平8
4. 车一平二　　马2进1
5. 兵三进一　　车8进6
6. 马三进四　　车1进1
7. 车九进一　　车8退2
8. 马四进三　　车1平4　（图57）
9. 车九平二　　车4进3
10. 兵七进一　　炮5退1
11. 车二进一　　象3进5
12. 炮二平三　　车8进4
13. 车三平二　　炮5平3
14. 炮八进二　　卒3进1
15. 炮八平九！　马1退2
16. 马三退四　　车4平6
17. 炮三平四　　车6平5
18. 车二平八　　炮2平3
19. 车八进七　　卒3进1
20. 车八平七　　车5平2
21. 炮九平八　　卒3平2
22. 马七进六　　车2退1
23. 马四进六　　车2平4

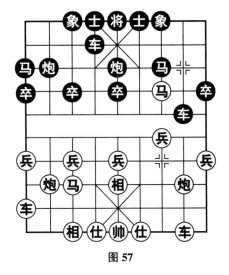

图 57

24. 前马进四　士4进5

25. 马六退七　士5进6

26. 兵三进一　士6进5

27. 马七进八　车4退2

28. 车七进一　车4退1

29. 车七平六　将5平4

30. 兵三进一　马7退8

31. 马八进九　炮3平1

32. 马九退八　马8进9

33. 兵三平二　卒9进1?

34. 兵二进一!（图58）

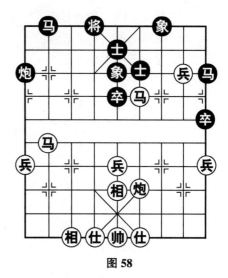

图 58

第 30 局　庄玉庭胜宋国强

1. 相三进五　炮8平5

2. 马二进三　马8进7

3. 马八进七　车9平8

4. 车一平二　车8进4

5. 兵三进一　卒7进1

6. 炮二平一　卒7进1

7. 车二进五　马7进8

8. 相五进三　卒3进1（图59）

9. 车九进一　马2进3

10. 车九平二　马8退7

11. 马三进四　车1进1

12. 炮一平三　车1平6

13. 马四退六!　马7进6

14. 马六进七　马6进4

15. 前马进八　炮5平2

16. 相七进五　车6进6

17. 车二进一　象7进5

18. 仕六进五　车6退1

19. 车二进三　炮2进2

20. 兵七进一　马4退6

21. 兵七进一　象5进3

22. 炮八进一　车6退1

23. 车二进三　马3退5

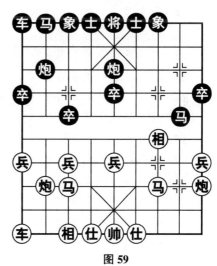

图 59

24. 车二平四　象3进5
25. 炮三平一　马5进3?
26. 炮一进四　士6进5
27. 车四平二　马6退7?
28. 车二退一　车6退2
29. 炮一进一!　马7进8
30. 车二进二　士5退6
31. 炮一平七　马8进6
32. 马七进六　炮2进1
33. 车二退四　卒5进1
34. 车二平五　士4进5
35. 车五平四 (图60)

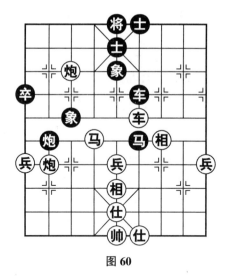

图 60

第 31 局　马仲威负胡荣华

1. 相三进五　炮8平5	2. 马二进三　马8进7
3. 车一平二　车9平8	4. 马八进七　马2进1
5. 兵三进一　炮2平4	6. 车九平八　车1平2
7. 仕四进五　车2进4	8. 炮八平九　车2进5
9. 马七退八　车8进4 (图61)	10. 马八进七　卒7进1

11. 兵三进一　车8平7
12. 马三进二　炮4平3
13. 炮二平三　车7平8
14. 炮三进七　士6进5
15. 马二退三　车8进5
16. 马三退二　卒3进1
17. 马二进三　卒3进1!
18. 相五进七　马1进3
19. 兵五进一　卒5进1
20. 兵五进一　马3进5
21. 帅五平四　马7进6
22. 炮三退五　炮3进4
23. 相七进五　炮5平6

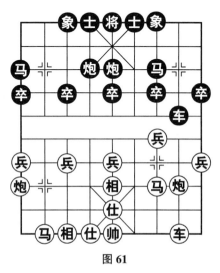

图 61

24. 帅四平五　马5进4

25. 仕五进四？炮6平5

26. 仕六进五　马4进6

27. 帅五平六　后马进4！

28. 仕五进四　马4进3

29. 帅六进一　炮3平4

30. 炮三平六　马3退4

31. 马三进四　炮4平5

32. 马四进六　后炮平4

33. 炮九进四　炮5退3

34. 炮九退二　马4进3

35. 马六进八　炮4退1（图62）

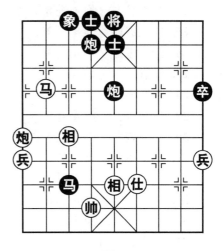

图 62

第 32 局　曾启全胜龚晓民

1. 相三进五　炮8平5	2. 马二进三　马8进7
3. 车一平二　马2进1	4. 兵三进一　炮2平4
5. 马八进七　车1平2	6. 车九平八　车9平8
7. 仕四进五　车2进4	8. 炮八平九　车2平4
9. 车八进四　车8进6	10. 兵九进一　车8平7（图63）

11. 马三退四　卒1进1

12. 炮九进三　车4平8

13. 车八平六　士4进5

14. 兵七进一　车8进2

15. 车二进一　卒7进1？

16. 兵三进一　车7退2

17. 兵七进一！车7进2

18. 车六进一　炮5平6

19. 兵七进一　象7进5

20. 兵七平八　炮4退2

21. 炮九进一　炮6进1

22. 兵八进一！炮6平1

23. 车六进一　马7进6

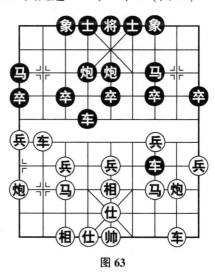

图 63

24. 车六平九　炮4进8

25. 仕五进四　炮4退1

26. 仕六进五　炮4进1

27. 仕五退六　炮4退2

28. 兵八平九　车7平6

29. 仕六进五　炮4进2

30. 仕五进六　马6进5

31. 车二平六　马5进3

32. 车九平七　马3退4

33. 车七退二　马4退6

34. 炮二平三　象3进1

35. 仕六退五　(图64)

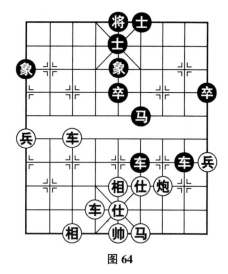

图64

第33局　张强胜熊学元

1. 相三进五　炮8平5

2. 马二进三　马8进7

3. 车一平二　车9平8

4. 马八进七　马2进1

5. 兵三进一　炮2平4

6. 车九平八　车1平2

7. 仕四进五　车2进6

8. 炮二进一　卒1进1

9. 兵七进一　车2退2

10. 炮八平九　车2平6 (图65)

11. 马七进六　车6平4

12. 马六退四　车8进1

13. 兵七进一　车4平3

14. 马四进二　车8平6

15. 马二进三　车6进5

16. 车八进八　士4进5

17. 车八平九!　马1进2

18. 车九进一　马2进3

19. 车九平七　炮4退2

20. 炮九平八　炮5平2

21. 炮二进四　炮2进2

22. 后马进四　马3退4

23. 马四进六　车3平4

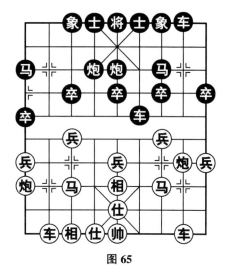

图65

24. 车七退二　车6进2?

25. 车七平三　炮4进9

26. 仕五退六　将5平4

27. 炮八退二　车6平2

28. 车三平八!　车2进1

29. 车八进二　将4进1

30. 炮二进一　士5进6

31. 马三进四　士6进5

32. 车八退一　将4退1

33. 炮二进一　象7进9

34. 车八进一　将4进1

35. 炮二平六!（图66）

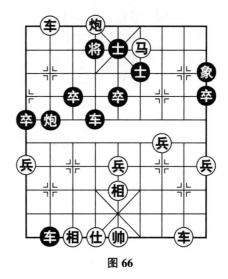

图 66

第 34 局　　杨剑胜程进超

1. 相三进五　炮8平5　　　2. 马八进七　马8进7

3. 马二进三　车9平8　　　4. 车一平二　车8进6

5. 兵七进一　马2进3　　　6. 兵三进一　卒5进1

7. 炮八进一　车8退2　　　8. 炮二进二　马7进5（图67）

9. 车九进一　卒7进1　　　10. 炮八进一　炮2退1

11. 车九平四　卒3进1

12. 仕四进五　炮2平3

13. 兵七进一　卒7进1

14. 相五进三　卒5进1

15. 车二平四　士4进5

16. 前车进四　车8平6

17. 车四进五　马5退7

18. 车四进一　炮3进3

19. 相七进五　炮3平7

20. 马三退一　卒5进1

21. 马七进五　车1平2

22. 车四平三　马7进5

23. 马五进四　炮5进5

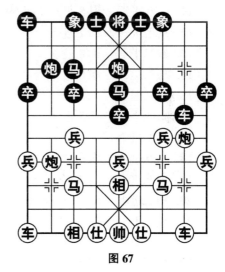

图 67

24. 相三退五　车2进5
25. 马一进三　象3进5
26. 炮二进五！将5平4
27. 马四进五　车2平5
28. 车三进三　将4进1
29. 炮二退一　将4进1
30. 炮二退一　炮7退2
31. 马三进四　将4退1
32. 炮二进一　士5进6
33. 车三退一　将4进1
34. 马四进五　车5退2
35. 马五进四（图68）

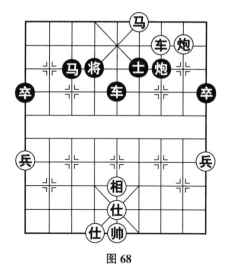

图68

第35局　蒋全胜负李来群

1. 相三进五　炮8平5
2. 马二进三　马8进7
3. 马八进七　马2进1
4. 兵三进一　车9平8
5. 车一平二　炮2平4
6. 车九平八　车1平2
7. 仕四进五　车2进4
8. 炮八平九　车2平4
9. 炮二进一　卒1进1
10. 车八进四　士6进5
11. 车八平四　炮5平6（图69）
12. 兵七进一？象7进5
13. 炮二平三　车8进9
14. 马三退二　炮6退2
15. 炮三退三　士5进6
16. 车四平五　卒5进1
17. 兵七进一　卒3进1
18. 车五平八　炮6进1
19. 车八进三　卒3进1
20. 相五进七　士6退5
21. 相七退五　马7进5
22. 车八退一　马5进3
23. 相五进七　炮4平3

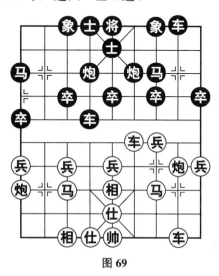

图69

24. 相七进五　卒 5 进 1！

25. 兵五进一　车 4 进 2

26. 兵五进一　马 3 退 4

27. 马七进八　马 4 进 5

28. 车八平五　马 5 进 6

29. 炮三进六　马 1 进 2

30. 炮九平七　马 2 进 4

31. 车五退二　炮 3 平 2

32. 炮七退二　车 4 平 1

33. 马八进七　马 4 退 3

34. 炮七进六　车 1 平 4

35. 炮七平五　车 4 进 2

36. 相七退九？炮 2 进 7！（图 70）

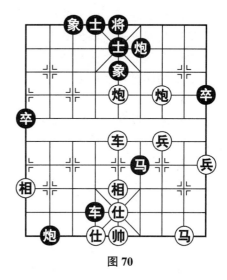

图 70

第 36 局　金启昌负徐乃基

1. 相三进五　炮 8 平 5

2. 马二进三　马 8 进 7

3. 车一平二　车 9 进 1

4. 兵七进一　马 2 进 3

5. 马八进七　卒 5 进 1（图 71）

6. 炮二进四　卒 3 进 1

7. 兵七进一　马 3 进 5

8. 兵七进一　卒 5 进 1

9. 兵七平六　马 5 进 6

10. 车二进二　车 9 平 3

11. 兵六平七　炮 5 进 1！

12. 兵五进一　炮 2 平 5

13. 马七进六　前炮平 8

14. 车二进四　车 3 平 4

15. 车二退二？马 6 进 7

16. 兵五进一　前马退 5

17. 仕六进五　车 1 平 2

18. 炮八进四　卒 7 进 1

19. 马六退四　车 2 进 2

20. 马四进三　炮 5 退 1

21. 车九平八　车 4 进 7

22. 车八进二　车 2 平 5

23. 车二平四　象 7 进 9

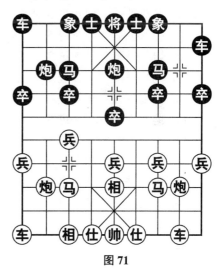

图 71

24. 马三进四　炮5平6
25. 兵五进一　车5平4
26. 炮八进三　士6进5
27. 马四退六　马7进6
28. 车四平五　马6进7!
29. 车五退一　马7进9
30. 车五平四　后车平6
31. 车四平三　马9退7
32. 相五进三　车4平3
33. 相七进五　炮6平8
34. 仕五进四　车6进5
35. 兵五进一　将5平6
36. 仕四进五　车6进1（图72）

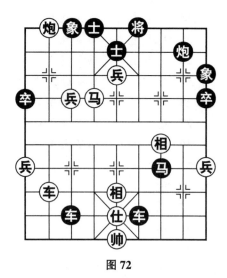

图72

第37局　许银川胜李洪斌

1. 相三进五　炮8平5
2. 马八进七　马8进7
3. 马二进三　马2进1
4. 车一平二　车9平8
5. 兵三进一　炮2平4
6. 车九平八　车1平2
7. 仕四进五　车8进6
8. 炮八进四　卒1进1（图73）
9. 炮二平一　车8平7
10. 车二进二　炮4进2
11. 炮八进一　炮4平3
12. 相五进七　马7退5
13. 炮一退二　马5进3
14. 炮八退三　车2进1
15. 相七进五　车2平4
16. 炮八进三　车4进5
17. 炮一平三　车7平6
18. 炮八平五　象3进5?
19. 车八进六　炮3平5
20. 马三进二　卒3进1
21. 炮三进六　卒3进1
22. 兵三进一!　车6退1
23. 兵三平四　炮5平3

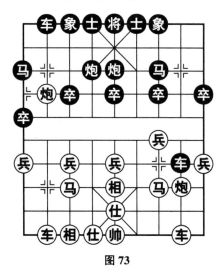

图73

24. 炮三进一　卒3进1

25. 马七退八　象5退3

26. 车八进二　马1进2

27. 车八平四！车6平2

28. 马二进三　士4进5

29. 车二进七！炮3退1

30. 兵四进一　车2进4

31. 车二平三　将5平4

32. 炮三进一　将4进1

33. 车三平四　马2退4

34. 后车平五！将4平5

35. 马三进四　将5进1

36. 兵四进一　将5平6

37. 马四进六（图74）

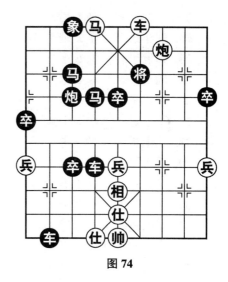

图74

第38局　葛超然胜孙博

1. 相三进五　炮8平5　　　　2. 马二进三　马8进7

3. 车一平二　卒7进1　　　　4. 兵七进一　车9平8

5. 马八进七　炮2平3　　　　6. 马七进八　马7进6

7. 车九进一　马6进5（图75）　8. 炮二进四　卒3进1？

9. 兵七进一　炮3进7

10. 仕六进五　马5进7

11. 炮八平三　炮5进5

12. 帅五平六　象3进5

13. 车九平六　士4进5

14. 车六进一　炮5退1

15. 炮三平五！炮5进2

16. 马八进六　车8进2

17. 车二进四　炮3平6

18. 帅六平五　马2进1

19. 帅五进一　车1平2

20. 马六进七　车2进8

21. 帅五退一　车8平6

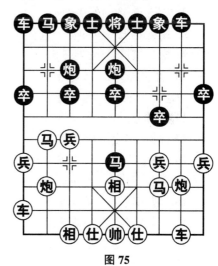

图75

22. 车二平六　马1退3

23. 前车进二　车2进1

24. 帅五进一　炮6平3

25. 前车平八！车2退6

26. 炮二平八　炮3退7

27. 兵七进一　炮3平4

28. 兵七进一　马3进1

29. 兵七平六　士5进4

30. 车六进五　马1退2

31. 车六平八　马2进4

32. 车八进一　车6进4

33. 车八平六　车6平7

34. 帅五平六　车7平5

35. 炮五平七　象5进3

37. 炮七平八（图76）

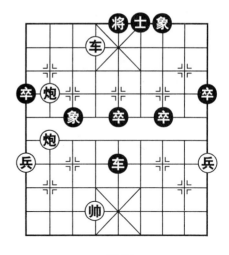

图 76

36. 炮七进二　卒5进1

第39局　陈翀负杨德琪

1. 相三进五　炮8平5

2. 马二进三　卒7进1

3. 车一平二　马8进7

4. 兵七进一　炮2平3

5. 马八进七　卒3进1

6. 马七进八　卒3进1

7. 相五进七　车9进1

8. 相七退五　车9平4（图77）

9. 炮二进四　马7进6

10. 车九平八　马6进5

11. 马三进五　炮5进4

12. 仕四进五　车4进4

13. 马八退七　炮5平3！

14. 马七进五　前炮退2

15. 炮八进六　士4进5

16. 炮二进三　车4平5

17. 车八进七？后炮进7

18. 相五退七　炮3平5！

19. 车八平三　象3进5

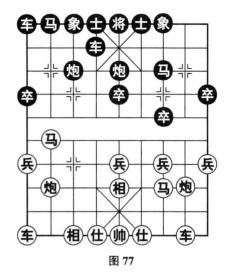

图 77

20. 车二进八　炮5进2　　　　21. 相七进五　车1进2

22. 炮二平四　车5平6　　　　23. 炮四平八　车1平4

24. 车二平四　将5平4!

25. 车三进二　将4进1

26. 前炮平六　车6退4

27. 炮六退二　车6进5

28. 车三退三　车6平7

29. 帅五平四　车7平6

30. 帅四平五　车6平9

31. 帅五平四　士5进4

32. 车三平五　车9平6

33. 帅四平五　将4平5

34. 炮八退五　炮5平1

35. 炮八平五　卒1进1

36. 车五退一　卒7进1

37. 炮五进四　将5平6（图78）

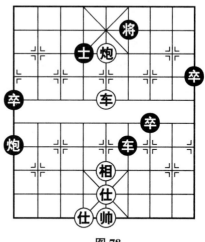

图 78

第 40 局　徐天利胜陈孝堃

1. 相三进五　炮8平5　　　　2. 马二进三　马8进7

3. 车一平二　车9平8　　　　4. 马八进七　卒7进1

5. 兵七进一　炮2平3

6. 马七进八　马7进6

7. 仕六进五　车8进6

8. 车九进一　马6进4

9. 炮二平一　车8进3

10. 马三退二　炮3平4（图79）

11. 马二进三　马2进1

12. 仕五退六　马4退6

13. 车九平六　士4进5

14. 炮一进四　马6进5

15. 马三进五　炮5进4

16. 仕四进五　象3进5

17. 车六进三　炮5平9

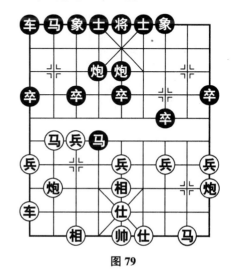

图 79

18. 车六平五　卒5进1

19. 车五进一　炮4进3

20. 炮一进三！炮4平2

21. 车五进二　马1退3

22. 车五平七　车1进1

23. 炮一退一　炮9平1

24. 炮八进一　车1进1

25. 炮八平五！士5进6

26. 车七进一　车1平4

27. 车七退二　炮1平7

28. 车七平五　将5平4

29. 车五平八　炮2平1

30. 车八平九　炮1平2

31. 车九平八　炮2平1

32. 兵七进一　炮1平9

33. 车八进三　将4进1

34. 车八平四　象7进5

35. 车四退二　车4进4

36. 车四进一　将4退1

37. 车四进一　将4进1

38. 炮五平四（图80）

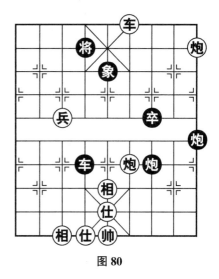

图80

第41局　胡荣华胜蔡忠诚

1. 相三进五　炮8平5

2. 马二进三　马8进7

3. 车一平二　卒7进1

4. 兵七进一　车9进1

5. 马八进七　马2进1

6. 炮二平一　炮2平4

7. 车二进四　车1平2

8. 车九平八　车2进6

9. 兵三进一　车2平3（图81）

10. 兵三进一！车3进1

11. 兵三进一　车9平2

12. 炮八进三　卒1进1

13. 炮八平七　车2进8

14. 炮七退三　车2退2

15. 马三进四　马7退5

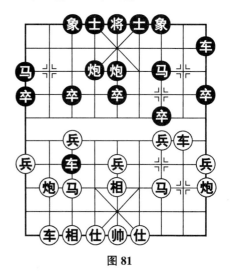

图81

16. 仕四进五　车2退3

17. 炮一进四！马5进3

18. 炮一进三　车2平6

19. 马四退三　马1进2

20. 车二进五　马2进4

21. 炮七进一　炮4退1

22. 炮一平三　将5进1

23. 车二退五　马4进6

24. 炮七平四　车6进2

25. 车二平六　卒5进1

26. 车六进二　炮5进4

27. 马三进五　车6平5

28. 车六平七　马3退1

29. 车七平五　将5平6

30. 车五平九　马1进3

31. 车九平七　马3退5

32. 兵三进一　炮4平1

33. 炮三平六　马5进3

34. 车七进一　炮1进5

35. 车七进一　士6进5

36. 兵三进一　将6进1

37. 车七退一　象3进5

38. 炮六平五！(图82)

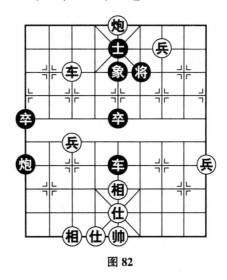

图 82

第 42 局　张学潮负郝继超

1. 相三进五　炮8平5

2. 马二进三　马8进7

3. 车一平二　车9平8

4. 马八进七　卒7进1

5. 兵七进一　炮2平3

6. 车九平八　卒3进1

7. 马七进八　卒3进1

8. 相五进七　炮3退1 (图83)

9. 炮八平七？马2进1

10. 炮七进六　马1退3

11. 马八进七　车8进6

12. 车八进五　炮5平4

13. 车八平三　象3进5

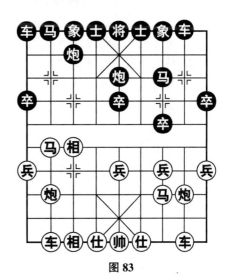

图 83

14. 车三进一　车1平3　　　15. 马七退六　马3进4

16. 相七退九　炮4进3　　　17. 车三进一　车3进6

18. 仕四进五　卒5进1　　　19. 车三退一　马4进6

20. 车三平四　马6进5!　　 21. 马三进五　车3平5

22. 车二平四　士4进5　　　23. 炮二平五　车5平1

24. 后车进五　卒5进1　　　25. 后车平五　卒5进1

26. 炮五平四　车8平7

27. 车五退一　炮4进1

28. 车五平八　车7进3

29. 仕五退四　炮4平9!

30. 车四平一　炮9进3

31. 车八进五　士5退4

32. 仕六进五　车1平4

33. 车一退五　车4进2

34. 炮四退一　车4退3

35. 车八退六　车4平6!

36. 车一退一　车7平9

37. 炮四进一　车6平5

38. 车八平九　车9退6（图84）

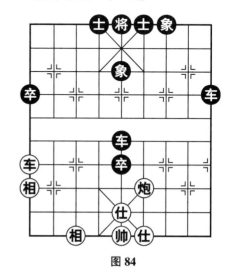

图 84

第43局　卜凤波胜吕钦

1. 相三进五　炮8平5

2. 马二进三　马8进7

3. 车一平二　车9平8

4. 兵七进一　车8进4

5. 马八进七　卒3进1

6. 兵七进一　车8平3

7. 马七进六　车3平4

8. 马六退七　马2进3（图85）

9. 兵三进一　卒7进1

10. 兵三进一　车4平7

11. 马三进四　车7平6

12. 炮二平三!　车6进1

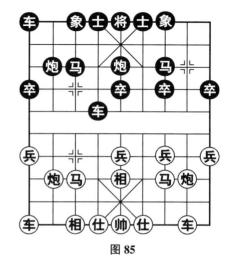

图 85

13. 炮三进七　士6进5　　　14. 炮三平一　车6退4

15. 炮八进二　卒9进1　　　16. 车二进九　士5退6

17. 车二退四　士6进5　　　18. 车二平七　士5进4

19. 炮八平五　将5平6　　　20. 仕六进五　车6进3

21. 车七进一　炮5平6　　　22. 车九平八　车1平2

23. 炮五平七　炮6进7?　　　24. 马七进六　车6退1

25. 车七进一　炮6平9

26. 仕五进四　炮2进6

27. 车七平六！车6进4

28. 车六进二　将6进1

29. 车六退一　将6退1

30. 马六进七　车2进2

31. 炮七平二　马7进8

32. 车六平二！车2平3

33. 车二退三　车3进1

34. 车八进一　车6进2

35. 帅五进一　车6退1

36. 帅五退一　车6平2

37. 车二平四　将6平5

38. 车四进三（图86）

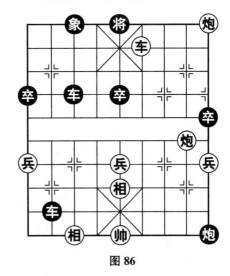

图86

第44局　汤卓光胜庄玉庭

1. 相三进五　炮8平5　　　2. 马二进三　卒7进1

3. 车一平二　马8进7　　　4. 兵七进一　车9平8

5. 马八进七　炮2平3　　　6. 马七进八　马7进6

7. 仕六进五　车8进6　　　8. 兵九进一　炮5平7

9. 炮二平一　车8进3　　　10. 马三退二　炮7进4（图87）

11. 炮一平三　炮3平9　　　12. 马二进四　象3进5

13. 马四进三　马6进7　　　14. 马八进七　马2进3

15. 车九平八　车1平2　　　16. 炮八进六！炮9进4

17. 车八进七　炮9平5　　　18. 炮三平二　士4进5

19. 炮二进六　车2平3　　　20. 炮八平七　车3平4

21. 炮七平六　士5进6　　　22. 车八进一　炮5平3

23. 马七进九　马3进4？	24. 炮六平三　马7退5
25. 车八平四！车4进2	26. 车四退一　马4退6
27. 炮二进一　炮3平6	28. 马九进七　将5平4
29. 马七退五　将4平5	30. 车四平三　炮6平7
31. 车三平四　炮7平6	32. 车四平三　将5进1
33. 炮二退一　将5退1	34. 炮二进一　炮6平7
35. 马五进四！车4退1	36. 车三平五　车4平5
37. 车五平八　车5平4	38. 马四退三　（图88）

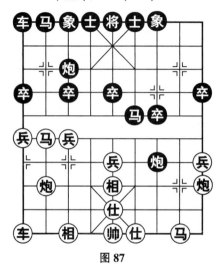

图 87

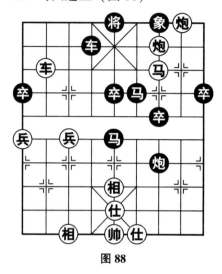

图 88

第 45 局　才溢胜申鹏

1. 相三进五　炮8平5	2. 马二进三　马8进7
3. 车一平二　车9平8	4. 马八进七　马2进1
5. 兵三进一　车8进4	6. 炮八进二　炮2平3
7. 马三进二　车8平2	8. 车九平八　卒3进1
9. 炮二平三　炮3进4	10. 马二进三　卒3进1（图89）
11. 炮八退三　马1进3？	12. 马三进五　象3进5
13. 炮三进五　马3进4	14. 炮八平三　车1平2
15. 车八进五　车2进4	16. 马七退五！车2平5
17. 马五进三　炮3平2	18. 仕四进五　卒3进1
19. 车二平四　炮2进3	20. 车四进四　车5平4

21. 前炮退一　卒 3 进 1　　　22. 相五进七　炮 2 退 4

23. 车四进二　车 4 平 5　　　24. 兵三进一！士 4 进 5

25. 兵三平四　车 5 平 3　　　26. 前炮平五　马 4 退 5

27. 车四平五　车 3 进 1　　　28. 兵五进一　车 3 进 1

29. 车五平八　炮 2 进 2　　　30. 马三进二　车 3 平 7

31. 炮三平四　炮 2 退 1　　　32. 车八进三　士 5 退 4

33. 炮四进八！炮 2 平 5　　　34. 帅五平四　车 7 退 1

35. 马二进一　将 5 平 6　　　36. 车八平六　将 6 进 1

37. 车六退一　将 6 退 1　　　38. 车六平五（图 90）

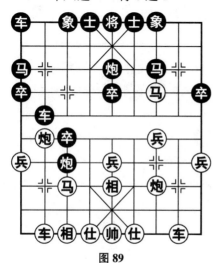

图 89

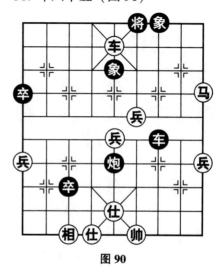

图 90

第 46 局　　汪士龙负刘星

1. 相三进五　炮 8 平 5　　　2. 马八进七　马 8 进 7

3. 兵三进一　马 2 进 1　　　4. 马二进三　炮 2 平 3

5. 车九平八　车 1 平 2　　　6. 炮八进四　车 9 平 8

7. 车一平二　车 8 进 4　　　8. 炮二平一　车 8 平 6（图 91）

9. 马三进二　卒 1 进 1　　　10. 兵三进一　车 6 平 7

11. 马二进一　车 7 平 2　　　12. 车八进五　马 1 进 2

13. 马一进三　车 2 进 3　　　14. 马三退五　炮 3 进 4

15. 仕四进五　卒 3 进 1　　　16. 马五退七　车 2 平 3

17. 车二进五　炮 5 平 3　　　18. 前马退五　马 2 进 4！

19. 马七退九　前炮平4	20. 炮一平三　炮4进2
21. 炮三进七　士6进5	22. 炮三平一　士5进6
23. 车二进四　将5进1	24. 车二退七　将5退1
25. 车二平四　象3进5	26. 仕五进六？车3进5！
27. 马五进六　炮4平1	28. 马六进七　将5进1
29. 车四平二　将5平4	30. 车二进六　士4进5
31. 炮一退一　马4进2！	32. 帅五平四　车3退5
33. 车二退三　士5进4	34. 车二平四　卒7进1
35. 车四进二　车3平8	36. 炮一平三　马2进3
37. 仕六进五　炮1进1	38. 相七进九　马3退1（图92）

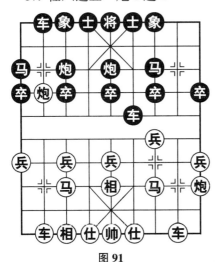

图91

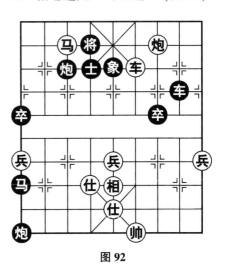

图92

第47局　方孝臻胜张增华

1. 相三进五　炮8平5	2. 马二进三　马8进7
3. 马八进七　车9平8	4. 车一平二　车8进6
5. 兵七进一　卒5进1	6. 炮八进一　马2进3
7. 车九进一　马3进5	8. 车九平四　炮2平7（图93）
9. 兵三进一　车8退2	10. 马七进八　卒5进1
11. 兵五进一　卒3进1	12. 马八进七　炮5进3
13. 炮八平五　卒3进1？	14. 炮二进二！炮5退1
15. 车四进五　士4进5	16. 仕四进五　马5进3

17. 炮五平二　车8平9	18. 兵一进一！车9进1
19. 马七退五　车9退1	20. 马五退七　象3进5
21. 后炮平五　车1平4	22. 车四平七　马7进5
23. 炮二进二　卒7进1	24. 炮二进三　卒7进1
25. 炮二平一　车9平7	26. 炮五进四　士5进6
27. 车二进六　将5进1	28. 马三进五　车4进5
29. 车二进二　将5退1	30. 车七平八　炮3平2
31. 车二平七　车7平8	32. 车七退二　炮2平4
33. 车八进三　炮4退2	34. 炮五平九　马5退4
35. 车八平六　将5进1	36. 车七平三　马3进5
37. 车三进二　将5进1	38. 车三平六（图94）

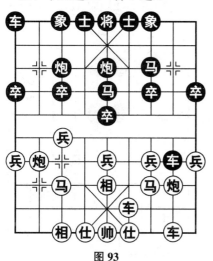

图93

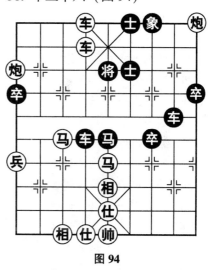

图94

第48局　林宏敏胜邱东

1. 相三进五　炮8平5	2. 马八进七　马8进7
3. 马二进三　车9平8	4. 车一平二　卒7进1
5. 炮八平九　马2进1	6. 车九平八　车1平2
7. 兵七进一　炮2进5	8. 炮二平一　车8进9
9. 马三退二　卒5进1（图95）	10. 马二进四　炮2进1
11. 炮九进四　卒3进1	12. 兵七进一　卒5进1
13. 兵七平六　卒5平6	14. 炮九平三　卒6进1

15. 兵五进一　士6进5

16. 兵五进一　车2进3

17. 炮三进三　马7进8

18. 仕四进五　炮5平8

19. 兵六进一　炮8退2

20. 炮一进四！车2退3

21. 仕五退四　卒6进1

22. 马四进六　马8进9

23. 相五退三　车2进7

24. 仕六进五　马1进2

25. 马七进八　车2退2

26. 车八进一　车2进3

27. 马六退八　马2退4

28. 马八进六　马4退6

29. 兵五进一！卒7进1

30. 兵三进一　马9退7

31. 炮一进三　马6退7

32. 仕五进四　前马退8

33. 炮一平三　马8退7

34. 马六进五　象3进5

35. 兵五进一　马7进5

36. 炮三退八　炮8进4

37. 马五进六　炮8退3

38. 炮三平八　士5进4

39. 马六退四（图96）

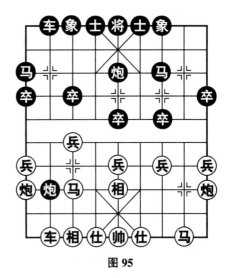

图 95

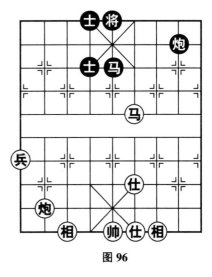

图 96

第 49 局　黄竹风胜陶汉明

1. 相三进五　炮8平5

2. 马二进三　卒7进1

3. 兵七进一　马8进7

4. 车一平二　车9平8

5. 马八进七　炮2平3

6. 马七进八　马7进6

7. 仕六进五　马6进5

8. 炮二平一（图97）车8进2

9. 兵九进一　马2进1

10. 车九进三　马5进7

11. 车二进七 炮3平8

12. 炮八平三 车1平2

13. 马八退七 车2进4

14. 炮一进四 车2平6?

15. 兵三进一! 象7进9

16. 车九平二 炮8平6

17. 车二进三 卒5进1

18. 炮三进三 车6进2

19. 马七进六 卒5进1

20. 炮三平五 士6进5

21. 马六进七 马1进3

22. 车二平七 卒5进1

23. 炮一平五 炮6进3

24. 兵七进一 将5平6

25. 后炮进二 象3进5

26. 炮五平九! 炮6平5

27. 车七平五 车6退1

28. 车五进一 卒5进1

29. 帅五平六 卒5平4

30. 仕五进六 炮5平7

31. 兵九进一 车6平3

32. 兵九平八 车3进4

33. 帅六进一 车3退3

34. 兵一进一 车3平9

35. 车五退三 车9退1

36. 车五平四 士5进6

37. 车四进三 将6平5

39. 帅六平五（图98）

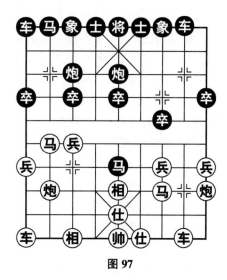

图 97

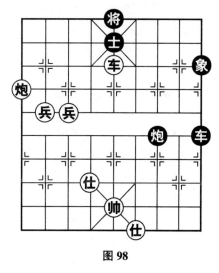

图 98

38. 车四平五 士4进5

第 50 局 赵国荣胜吕钦

1. 相三进五 炮8平5

2. 马二进三 马8进7

3. 车一平二 车9平8

4. 马八进七 卒7进1

5. 兵七进一 炮2平3

6. 马七进八 马7进6

7. 仕四进五　车8进6

8. 兵九进一　马6进4（图99）

9. 炮二平一　车8平7

10. 车九进一　卒3进1

11. 相七进九　卒3进1

12. 相九进七　炮3平4

13. 炮一进四　卒7进1

14. 炮一进三！车1进1

15. 车二进九　车1平7

16. 炮一平三　将5进1

17. 仕五退四　马2进3

18. 车九平二　炮5进4

19. 马三进五　前车平5

20. 后车进六　将5平4

21. 炮八平六！士4进5

22. 马八进七　炮4进5

23. 后车平七　马4退3

24. 车七进一　将4进1

25. 车七退一　将4退1

26. 车七进一　将4进1

27. 车七退一　将4退1

28. 车七进一　将4进1

29. 车七退二　车5平4

30. 车七进·　将4退1

31. 车七进一　将4进1

32. 车二退二　象3进5

33. 车七退一　将4退1

34. 车二平五　炮4平3

35. 相七退九　车4进3

36. 帅五进一　车7退1

37. 车七进一　将4退1

38. 车七进一　将4进1

39. 车五平九（图100）

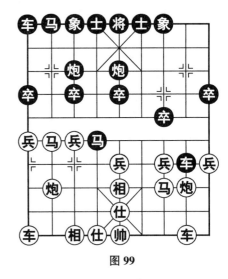

图99

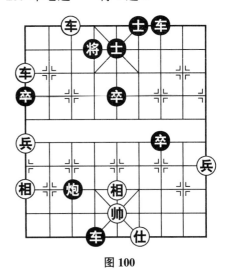

图100

第51局　张强负王晓华

1. 相三进五　炮8平5

2. 马二进三　马8进7

3. 车一平二　车9平8

5. 车九平八　马2进3

7. 炮二进四　车2进6

8. 仕四进五? 车2平3 (图101)

9. 炮八进四　车3进1

10. 炮八平五　士4进5

11. 炮五退一　炮4进4!

12. 车八进三　炮4平3

13. 相七进九　卒7进1

14. 炮二平三　车8进9

15. 马三退二　马7进5

16. 兵五进一　炮3平9

17. 兵三进一　炮9退2!

18. 相九退七　卒3进1

19. 马二进三　卒3进1

20. 马三进四　卒7进1

22. 车八进三　炮5进2

24. 炮三平九　炮9进1

26. 车五平二　炮8进1

28. 相五进三　车3平8

29. 相七进五　炮9进1

30. 车二平一　车8平4

31. 兵九进一　卒3进1

32. 兵九进一　炮8进4

33. 兵九平八　车4平7

34. 帅五平四　卒3进1

35. 炮九平二　车7进3

36. 帅四进一　车7退1

37. 帅四进一　炮9平1

38. 仕五退四　炮8平4

39. 相五退七　炮1进2

40. 炮二平五　将5平4 (图102)

4. 马八进七　炮2平4

6. 兵七进一　车1平2

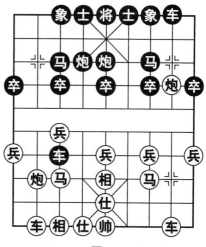

图 101

21. 马四进五　马3进5

23. 车八平五　炮5平8

25. 兵五进一　卒9进1

27. 车二退一　车3退1

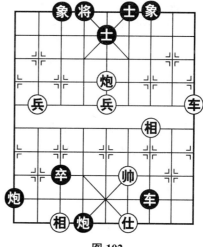

图 102

第 52 局　苗永鹏胜赵鑫鑫

1. 相三进五	炮8平5	2. 马二进三	马8进7
3. 车一平二	车9平8	4. 马八进七	卒7进1
5. 兵七进一	炮2平3	6. 马七进八	马7进6
7. 仕四进五	车8进6	8. 兵九进一	马6进4
9. 车九进一	马2进1（图103）	10. 仕五退四	车1进1

11. 车九平四　卒7进1

12. 兵三进一　马4进6

13. 炮二退一　车1平4

14. 兵三进一　马6退7

15. 车四进四　车4平7

16. 仕四进五　马7进6

17. 车二平三　炮5平7

18. 马三退四　炮7进6?

19. 炮八进一!　炮3平7

20. 马四进三　前炮平6

21. 马三进四　车8进2

22. 炮八平四　士4进5

23. 车四平二　车8退4

24. 马四进二　车7平6

25. 炮四退一　炮7平4

26. 车三进九　炮6平9

27. 车三退八　车6平8

28. 车三进四　象3进5

29. 炮四平二　车8平6

30. 车三进一　车6进5

31. 马二退三!　士5退4

32. 炮二进一　车6退4

33. 车三平五　炮4进4

34. 炮二进六　士6进5

35. 车五平三　车6平8

36. 炮二平一　车8进7

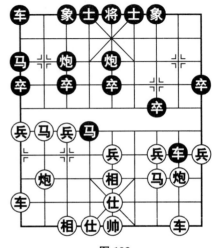

图 103

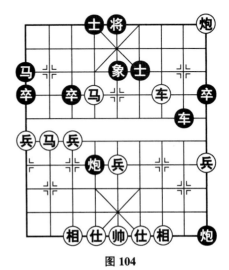

图 104

37. 仕五退四　炮9进1　　　38. 马三进四　车8退5

39. 相五退三　士5进6　　　40. 马四进六（图104）

第53局　李雪松负李少庚

1. 相三进五　炮8平5　　　2. 马二进三　马8进7
3. 马八进七　车9平8　　　4. 车一平二　马2进1
5. 兵七进一　车8进4　　　6. 炮二平一　车8进5
7. 马三退二　车1进1　　　8. 马二进三　卒7进1（图105）
9. 兵三进一　卒7进1
10. 相五进三　车1平4
11. 相七进五　车4进3
12. 仕六进五　卒3进1
13. 兵七进一　车4平3
14. 马七进六　车3平4
15. 马六退七　炮2退1
16. 车九平六　车4进5
17. 帅五平六　马1进3
18. 马三进四　炮2平3
19. 马四进六　炮3进6

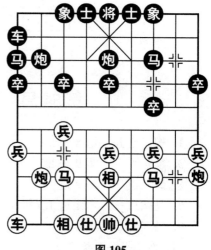

图105

20. 炮一平七　马3进4!

21. 炮七退一　炮5进4　　　23. 马八进七　将5平6

22. 马六进八　将5进1!　　25. 炮七进八　马7进6

24. 炮八进六　将6进1　　　27. 帅六平五　马4进6

26. 炮八退一　炮5平4　　　29. 炮七平四　马6退5

28. 炮八退六　后马进4　　31. 炮八平六　马3进4

30. 炮四平五　马5进3　　33. 马七退八　炮4平2

32. 仕五进六　炮4进2　　35. 仕四进五　将6平5

34. 马八进六　马4进2　　37. 马七退九　将5退1!

36. 马六进七　马2退3　　39. 炮四平五　马3退4

38. 炮五平四　将5平6

40. 马九退七　卒1进1（图106）

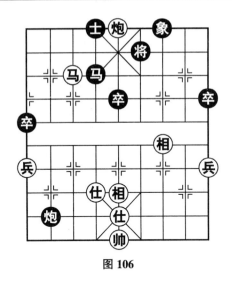

图 106

第54局　潘振波胜郑乃东

1. 相三进五　炮8平5
2. 马二进三　马8进7
3. 车一平二　车9平8
4. 马八进七　车8进6
5. 兵三进一　马2进1
6. 马三进四　车8退2
7. 马四进三　车1进1（图107）
8. 炮八进二　卒3进1
9. 马三退二　车8平4
10. 仕四进五　车1平6
11. 炮二平三　炮2平3
12. 车九平八　卒1进1
13. 炮八进三　车6进1
14. 马二进三　车6进1
15. 车二平四　车6进6
16. 仕五退四　马7退9
17. 炮八平五　象7进5
18. 车八进七　炮3平4
19. 马三进五！象3进5
20. 车八平九　士6进5
21. 车九退二　马9进8
22. 兵七进一　车4进2
23. 兵七进一　车4平3

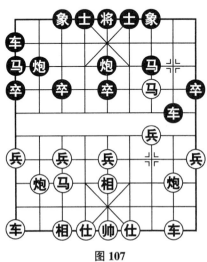

图 107

24. 车九退一　车3退2

25. 车九平四　炮4进1

26. 马七进八　车3平9

27. 仕六进五　车9进2

28. 车四平五　马8进6

29. 马八进六　马6进8

30. 炮三平二　车9进1

31. 车五进二　炮4退2

32. 炮二平四　车9退3

33. 马六进五　马8进9

34. 车五平三　马9进7

35. 炮四退一　士5进6

36. 兵三进一　马7退8

37. 兵三平四　将5进1

38. 马五退七　车9平6

39. 车三平五　将5平6

40. 马七进六　（图108）

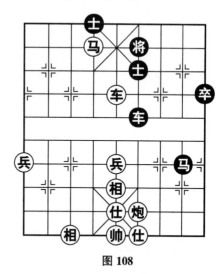

图 108

第55局　赵国荣负洪智

1. 相三进五　炮8平5

2. 马二进三　卒7进1

3. 兵七进一　马8进7

4. 马八进七　车9平8

5. 车一平二　炮2平3

6. 马七进八　马7进6

7. 仕四进五　马6进5

8. 炮二平一　车8进9

9. 马三退二　车1进1（图109）

10. 马二进四　车1平6！

11. 马四进五　炮5进4

12. 炮八进七　车6平8

13. 炮一平四　士6进5

14. 马八退七　车8进8

15. 炮四退二　炮5平9

16. 车九平八　炮3平6

17. 马七进五　炮6进6！

18. 马五退三　车8退2

19. 炮四平一　车8平7

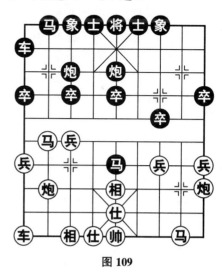

图 109

20. 炮一进一　炮9平8

21. 炮一平二　炮6退4

22. 炮八退三　炮6平5

23. 帅五平四　车7退1

24. 炮八平五　象7进5

25. 炮二进一　车7平6

26. 炮二平四　炮8退1

27. 车八进五　炮8退1

28. 车八退一　卒1进1

29. 炮五平六　卒7进1

30. 兵七进一　卒7进1

31. 车八平五　炮5平6

32. 帅四平五　炮6进3

33. 仕五进四　卒3进1

34. 车五进一　炮8进2

35. 车五平七　车6退3

36. 车七平六　炮8平1

37. 仕六进五　炮1进3

38. 相七进九　卒7平6

39. 相九进七　卒1进1

40. 车六退四　车6平8（图110）

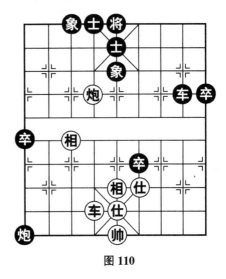

图 110

第 56 局　张强胜李群

1. 相三进五　炮8平5

2. 马二进三　马8进7

3. 车一平二　车9平8

4. 马八进七　马2进1

5. 兵三进一　炮2平4

6. 车九平八　车1平2

7. 仕四进五　车2进4

8. 炮八平九　车2平6

9. 炮二进四　卒7进1

10. 车八进四　卒1进1（图111）

11. 炮二平三　车8进9

12. 马三退二　象7进9

13. 马二进三　炮4平3

14. 车八平四　车6进1

15. 马三进四　炮3进4

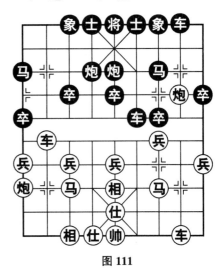

图 111

16. 兵三进一　象9进7

17. 炮九进三　炮5平4

18. 兵九进一　象7退5

19. 炮九进一！卒3进1

20. 马四进六　卒3进1

21. 马七进九　卒3平4

22. 兵九进一　炮3平9

23. 马九进八　象5进3

24. 马六进四　士6进5

25. 马八进七　将5平6

26. 兵九平八　象3退5

27. 兵八进一　象5进3

28. 炮三平五　炮9平6

29. 炮五退一　马1退3

30. 兵八平七　炮4平5

31. 兵七平六　马3进1

32. 马四退三　炮6退4

33. 马七退五　马7进6

34. 马五退三　卒9进1

35. 前马进一　炮6退1

36. 马一进二　炮6平7

37. 炮五平一！马6退4？

38. 马三进二！炮5平3

39. 炮一进三　炮3退1

40. 炮一平三（图112）

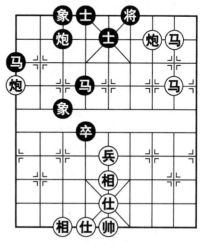

图 112

第57局　陶汉明胜于红木

1. 相三进五　炮8平5

2. 马八进七　马8进7

3. 马二进三　车9平8

4. 车一平二　卒7进1

5. 炮八平九　马2进1

6. 车九平八　车1平2

7. 车八进五　车8进4

8. 兵七进一　卒1进1

9. 车八平六　炮2进4（图113）

10. 炮九进三！炮2平7

11. 炮二进二　车2进4

12. 车六平八　马1进2

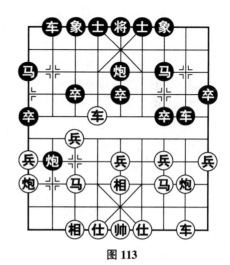

图 113

13. 车二进三　象7进9　**14.** 仕四进五　车8退3

15. 车二平三　车8进4　**16.** 车三平四　车8退4?

17. 车四进四　车8平1　**18.** 兵九进一　马7退8

19. 车四平二　马8进6　**20.** 车二平一　卒7进1

21. 相五进三　马6进7　**22.** 车一退一　车1平7

23. 相三退五　炮5平1　**24.** 炮九进一　炮1进3

25. 炮九平五　马7退6　**26.** 马三退四　车7进2

27. 车一平三　马6进7　**28.** 马四进三　炮1退4

29. 兵一进一　炮1平7

30. 马三进一　马7进6

31. 炮五退一　马6进8

32. 兵七进一!　马2退1

33. 兵七平六　炮7平6

34. 仕五进四　马8进6

35. 帅五进一　马6退8

36. 马七进六　炮6平4

37. 马六进四　炮4进8

38. 兵一进一　将5进1

39. 马四进三　将5平6

40. 马一进二　马8退7

41. 炮五平四（图114）

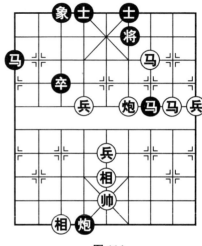

图114

第58局　赵国荣胜程吉俊

1. 相三进五　炮8平5　**2.** 马二进三　马8进7

3. 车一平二　车9平8　**4.** 马八进七　车8进4

5. 炮八平九　马2进1　**6.** 车九平八　车1平2

7. 炮二平一　车8进5　**8.** 马三退二　炮2进4（图115）

9. 兵七进一　卒7进1　**10.** 马二进四　炮2平3

11. 炮九进四!　炮5平4　**12.** 兵九进一　象3进5

13. 兵九进一　士4进5　**14.** 炮一平三　马7进6

15. 炮九平五!　炮4进4　**16.** 车八进九　马1退2

17. 炮五退一　马2进4　**18.** 兵三进一　象7进9

19. 兵三进一　象9进7　**20.** 兵一进一　象7退9

21. 兵九平八　马4进5　　　　22. 炮三进二　象9退7

23. 炮三平五　马5退7　　　　24. 马四进二　马6退8

25. 仕六进五　炮4退1　　　　26. 后炮平三　马7进6

27. 炮三进二　炮4平8　　　　28. 炮三平一　炮8进1

29. 兵一进一　马6进7　　　　30. 兵八进一　马8进6

31. 炮一平五　马6进8　　　　32. 后炮平六　马8退7

33. 炮六进一！后马进9　　　34. 炮五平七　炮3平4

35. 兵七进一　马9退8　　　　36. 兵七平六　炮4平3

37. 炮七退一　炮3平2　　　　38. 兵六平五　象5进7

39. 炮七退二　象7退5　　　　40. 炮六平二　马8退6

41. 炮七平三　炮2平7（图116）

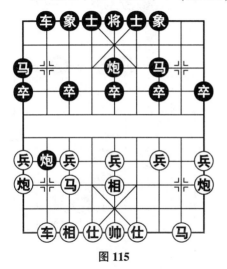

图 115

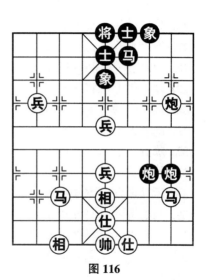

图 116

第 59 局　刘殿中负钱洪发

1. 相三进五　炮8平5　　　　2. 马二进三　马8进7

3. 车一平二　车9平8　　　　4. 兵三进一　炮2平4

5. 马八进七　马2进3　　　　6. 车九平八　车1平2

7. 仕四进五　车2进4　　　　8. 炮八平九　车2进5

9. 马七退八　车8进4（图117）　10. 炮二平一　车8进5

11. 马三退二　卒3进1　　　　12. 炮一平三　象7进9

13. 炮三进四　炮5进4　　　　14. 马二进三　炮5平1

15. 马八进七　炮 1 平 2

16. 马七进五　象 3 进 5

17. 兵七进一　卒 3 进 1

18. 马五进七　马 3 进 2

19. 马三进五　马 2 进 4

20. 马七进八　炮 4 退 1

21. 马五进六　象 9 退 7

22. 炮九平六　士 6 进 5

23. 马八进七　士 5 进 4

24. 炮三平四　马 4 进 6

25. 炮六进五？马 7 进 8

26. 兵三进一　马 6 退 7

27. 炮六平八　马 7 进 8

28. 炮八进一　将 5 进 1

29. 马六进七　将 5 平 6

30. 炮八平六　后马退 6

31. 炮六退七　炮 2 平 5！

32. 帅五平四　卒 5 进 1

33. 仕五进六　将 6 退 1

34. 后马退九　炮 5 平 6

35. 马七退六　马 6 进 7

36. 马六退四　马 7 进 9！

37. 马四退三　马 8 退 7

38. 炮六平五　马 9 进 7

39. 帅四平五　后马进 5

40. 马九进七　将 6 平 5

41. 马七退八　象 5 进 3（图 118）

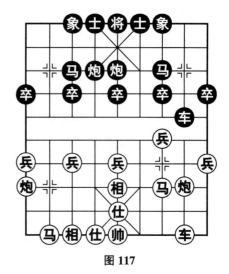

图 117

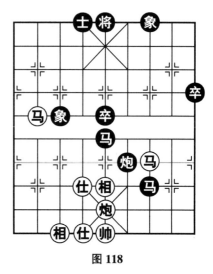

图 118

第 60 局　胡荣华胜蒋志梁

1. 相三进五　炮 8 平 5　　　2. 马二进三　马 8 进 7

3. 车一平二　车 9 平 8　　　4. 兵三进一　马 2 进 1

5. 马八进七　炮 2 平 4　　　6. 车九平八　车 1 平 2

7. 仕四进五　车 2 进 6　　　8. 炮二进一　卒 1 进 1

9. 兵七进一　车2退2

10. 炮八平九　车2平6

11. 马七进六　车6平4

12. 马六退四　车8进1

13. 兵七进一　车4平3

14. 马四进二　车8平6

15. 马二进三　车6进5 （图119）

16. 车八进八！士4进5

17. 兵九进一　炮5平6

18. 炮二进五！车6退3

19. 炮二平三　车3平2

20. 前马退二　炮4进6

21. 炮九平七　车2平3

22. 炮七进二　马7进6

23. 炮三平四　炮6平8

24. 车二平四　车6退2

25. 兵三进一　象3进5

26. 兵三平四　卒1进1

27. 兵四进一　炮4退3

28. 车八平九　车3平2

29. 兵四进一　车6进1

30. 车四进七　士5进6

31. 车九退一　卒1平2

32. 车九进二　炮4退5

33. 炮七平六　士6进5

34. 马三进四　炮8退1

35. 马四进五　车2平8

36. 马五退四　车8退1

37. 马二进三　炮8平9

38. 兵一进一　卒3进1

39. 马三退五　炮9平6

40. 马五进六！士5进4

41. 车九平六　将5进1

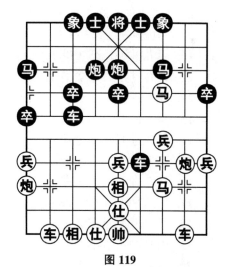

图 119

42. 炮六平五　（图120）

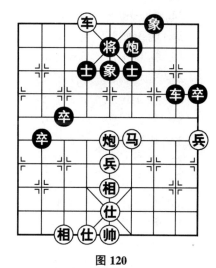

图 120

第61局　刘殿中胜刘星

1. 相三进五　炮8平5

2. 马八进七　马8进7

3. 马二进三　车 9 平 8

5. 兵七进一　车 8 进 4

7. 马三退二　车 1 进 1

8. 马二进三　卒 7 进 1（图 121）

9. 兵九进一　卒 3 进 1

10. 兵九进一！卒 3 进 1

11. 兵九进一　炮 2 平 3

12. 兵九进一　车 1 平 2

13. 马七退五　车 2 进 6

14. 车九进五　象 3 进 1

15. 车九平三　卒 3 进 1

16. 兵三进一　士 4 进 5

17. 车三平六　车 2 进 1

18. 马五退三　车 2 平 7

19. 后马进一　卒 5 进 1

20. 仕六进五　炮 3 进 2

22. 炮一进一　炮 2 进 7

24. 炮一平三！车 7 平 6

26. 相五进七　车 6 退 6

28. 车六平七　车 1 平 2

30. 帅五进一　车 2 平 8

31. 车七平五　车 8 进 6

32. 帅五进一　车 8 平 6

33. 仕六退五　炮 1 平 5

34. 仕五退六　卒 3 平 4

35. 马一进二　车 6 平 5

36. 帅五平六　车 5 平 8

37. 车五平八　卒 4 平 3

38. 马二进三　车 8 退 1

39. 车八进四　士 5 退 4

40. 前马进四　将 5 进 1

41. 车八退一　将 5 进 1

42. 马四进二（图 122）

4. 车一平二　马 2 进 1

6. 炮二平一　车 8 进 5

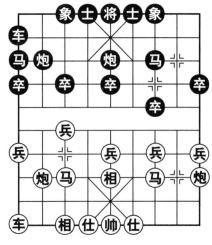

图 121

21. 兵一进一　炮 5 平 2

23. 相七进九　卒 3 进 1？

25. 炮三进四　卒 3 进 1

27. 炮三平九　车 6 平 1

29. 仕五进六　炮 2 平 1

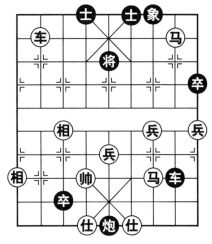

图 122

第62局　许银川胜宋国强

1. 相三进五　炮8平5
2. 马二进三　马8进7
3. 马八进七　车9平8
4. 车一平二　马2进1
5. 兵三进一　炮2平4
6. 仕四进五　车1平2
7. 车九平八　车2进4
8. 炮八平九　车2平4
9. 炮二进四　士6进5
10. 车八进四　卒1进1（图123）
11. 兵五进一　车4平2
12. 兵七进一　车2平6
13. 马七进五　炮4平3
14. 车八退一　卒7进1
15. 炮二退二　卒5进1
16. 车二平四　炮5进3
17. 车四进五　马7进6
18. 兵三进一　马6进7
19. 马五进三！马7进5
20. 相七进五　炮5平8
21. 车八平五　炮8进2
22. 车五进二　炮3平5

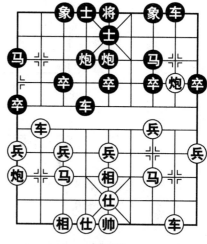

图123

23. 兵三平二　炮8平5?
24. 车五退三　车8进4
25. 车五进二　车8平7
26. 后马进五　马1进2
27. 车五平四　马2进3
28. 炮九平三　车7平8
29. 马三进四　车8进5
30. 车四退四　车8退8
31. 炮三进三　炮5进2
32. 炮三退四！马3进5
33. 车四进二　炮5退2
34. 仕五进六！士5进6
35. 炮三进一　车8进8
36. 帅五进一　车8退1
37. 帅五退一　车8退1
38. 马四退三　车8退2
39. 炮三平五　车8平7
40. 帅五平四　车7进4
41. 帅四进一　炮5进5
42. 车四平五　象3进5
43. 马五进四（图124）

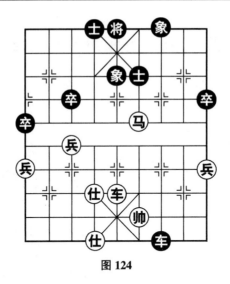

图 124

第 63 局　孙浩宇胜李林

1. 相三进五　炮8平5		2. 马二进三　马8进7
3. 车一平二　车9平8		4. 兵三进一　炮2平4
5. 马八进七　车8进4		6. 车九平八　马2进3
7. 炮二平一　车8进5		8. 马三退二　车1进1（图125）
9. 炮八进六　卒3进1		10. 炮一平三　炮5平6

11. 炮三进四　象7进5

12. 炮三平二　士6进5

13. 炮二进二！车1进1

14. 兵三进一　象5进7

15. 车八进四　车1平2

16. 车八平三　象3进5

17. 炮八平七　车2退2

18. 兵七进一　卒3进1

19. 车三平七　马3进4

20. 马二进三　卒1进1

21. 马三进四　马4进6

22. 车七平四　炮6进2

23. 车四平三　车2进4

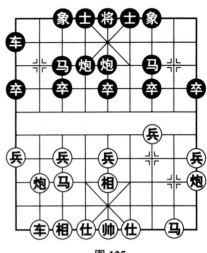

图 125

24. 马七进六　车2进1
25. 相七进九　炮6平4
26. 相九进七　车2进1
27. 车三进一　前炮进5
28. 炮七退一　前炮平1
29. 炮七平五　士5退6
30. 炮五进一　士6进5
31. 车三进二　车2进3
32. 帅五进一　车2退1
33. 帅五退一　炮4平2
34. 炮二进一　士5进6
35. 车三进二　将5进1
36. 炮二退五！车2进1
37. 帅五进一　卒5进1
38. 车三退四　车2退1
39. 帅五退一　将5退1
40. 车三平五　士4进5
41. 炮二平五　将5平6
42. 车五平三　炮2退2
43. 马六进五！（图126）

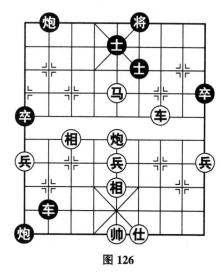

图 126

第 64 局　刘殿中负郝继超

1. 相三进五　炮8平5
2. 马八进七　马8进7
3. 马二进三　车9平8
4. 车一平二　卒7进1
5. 兵七进一　炮2平3
6. 马七进八　马7进6
7. 仕六进五　炮5平7
8. 车九进一　象3进5（图127）
9. 车九平六　马6进7
10. 炮二平一　车8进9
11. 马三退二　士4进5
12. 炮一进四　马2进1
13. 马二进一　马7退6
14. 兵五进一　卒7进1
15. 兵一进一　卒3进1

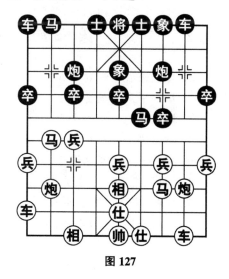

图 127

16. 兵七进一 炮3进7!		**17.** 车六进四 炮3平2	
18. 马八退七 车1平2		**19.** 炮八进三 炮2退2	
20. 车六平四 炮2平5		**21.** 仕五退六 象5进3	
22. 车四平七 炮7平5		**23.** 帅五进一 前炮平8	
24. 炮一进三 卒1进1		**25.** 炮八退一 卒5进1	
26. 车七进二 士5进4		**27.** 车七平六 马1进3!	
28. 车六平七 卒5进1		**29.** 帅五平四 车2进4	
30. 车七进二 将5进1		**31.** 车七平四 象7进9	
32. 车四退一 将5退1			
33. 炮八平三 车2平7			
34. 炮三平二 车7进4			
35. 帅四进一 车7退1			
36. 帅四退一 炮5平8			
37. 车四退二 车7进1			
38. 帅四进一 车7退1			
39. 帅四退一 车7进1			
40. 帅四进一 马3退4			
41. 车四进三 将5进1			
42. 车四退一 将5退1			
43. 车四平六? 卒5平6!			
44. 车六平四 卒6平7（图128）			

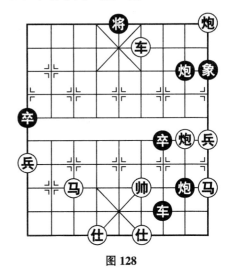

图 128

第 65 局　沈芝松胜丁晓峰

1. 相三进五 炮8平5		**2.** 马二进三 马8进7
3. 车一平二 马2进1		**4.** 兵三进一 炮2平4
5. 马八进七 车1平2		**6.** 车九平八 车2进6
7. 炮二进一 车9平8		**8.** 仕四进五 卒1进1
9. 兵七进一 车2退2		**10.** 炮八进二 车8进4（图129）
11. 马三进二! 车8平4		**12.** 马二进三 车4进4
13. 炮二平三 车2平6		**14.** 马三退四 士6进5
15. 车二进六 炮4平2		**16.** 车八平九 车4平2
17. 车九进一 车2退1		**18.** 炮三退一 车2退1
19. 车九平六 卒3进1		**20.** 炮三平四 车6平5

21. 兵七进一　车5平3

22. 车六进四！车3退1

23. 炮八平七　炮5进4

24. 马七进五　车2平5

25. 兵三进一　车5平6

26. 车二平四　炮2进1？

27. 车四平三　车6退1

28. 车三进一　象7进5

29. 车三平二　炮2进6

30. 车六平四　车6退1

31. 兵三平四　士5退6

32. 炮四进七！将5平6

33. 车二进二　将6进1

34. 车二平五　士4进5

35. 炮七平四　士5进6

36. 兵四进一　车3退2

37. 炮四退三　炮2退3

38. 兵四平三　士6退5

39. 仕五进四　炮2平6

40. 炮四进二　车3进3

41. 仕四退五　马1退3

42. 车五平二　士5进4

43. 兵三平四　将6平5

44. 兵四进一　（图130）

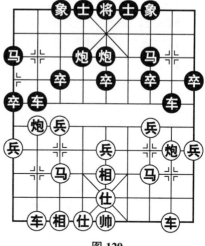

图 129

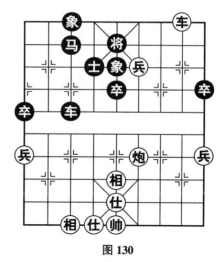

图 130

第 66 局　胡荣华胜徐永嘉

1. 相三进五　炮8平5
2. 马八进七　马8进7
3. 马二进三　车9平8
4. 车一平二　马2进1
5. 兵三进一　车8进4
6. 炮八进二　炮5平4
7. 马三进二　车8平6
8. 仕四进五　象7进5
9. 车二平四　车6进5
10. 仕五退四　车1进1（图131）
11. 车九进一　车1平6
12. 车九平六　士6进5

13. 车六进四　卒 3 进 1

14. 马二进三　车 6 进 6

15. 炮二退二　炮 2 平 3

16. 炮二平三　卒 3 进 1

17. 仕四进五　车 6 平 8

18. 兵七进一！炮 3 进 5

19. 炮八进三　马 7 退 6

20. 兵七进一　车 8 退 1

21. 兵七进一　马 1 退 2?

22. 车六退二　炮 3 退 3

23. 炮八进一　炮 3 平 8

24. 兵七进一　炮 8 退 3

25. 马三进二　马 6 进 8

26. 兵七平六　士 5 进 4

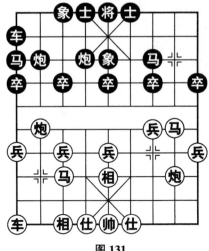

图 131

27. 车六进四　车 8 平 5

28. 车六平八　车 5 平 8

29. 车八退一　车 8 平 5

30. 炮八平三　马 2 进 3

31. 车八平七　马 3 退 5

32. 兵一进一　卒 9 进 1?

33. 兵一进一　车 5 退 2

34. 车七平九　车 5 平 9

35. 车九平五　车 9 退 1

36. 车五退三　马 5 进 3

37. 兵九进一　士 4 进 5

38. 车五平二　马 8 进 7

39. 兵三进一！马 7 进 5

40. 兵三平四　马 5 退 4

41. 车二进六　士 5 退 6

42. 前炮退一　车 9 平 4

43. 后炮平一　马 3 退 1

44. 炮三平六（图 132）

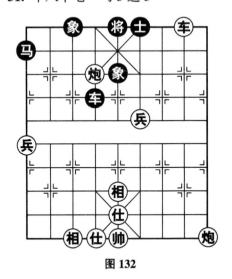

图 132

第 67 局　蒋志梁胜吕钦

1. 相三进五　炮 8 平 5

2. 马二进三　马 8 进 7

3. 车一平二　车 9 平 8

4. 马八进七　车 8 进 6

5. 兵三进一　车8平7

7. 兵七进一　炮5进4

9. 马五进三　车5平7

10. 车九进一　炮2平3

11. 车九平六　士4进5

12. 车六进七！车1平2

13. 炮八平六　卒1进1

14. 炮二进五　车2进2

15. 炮六进四！卒5进1

16. 炮六平一　象7进9

17. 车二进六　炮3平8

18. 炮一平三！马7进5

19. 车六退二　车7平1

20. 车六平五　车1平4

21. 仕四进五　车2平4

22. 车五退一　卒1进1

24. 兵三进一　炮8平5

26. 兵三平四　后车进3

28. 车二进一　前车平7

30. 车二平四　马2进1

32. 车四退七　车9退6

34. 车五进一　士6进5

35. 车五平七　马1进3

36. 车四平二　车9退3

37. 炮三平五　象3进1

38. 车七平八　象1退3

39. 车八进三　车4退5

40. 兵八退一　车4进3

41. 车八平五　将5平4

42. 车五平七　象3进1

43. 车七平八　象5退3

44. 炮五退二　卒1平2

45. 炮五平八（图134）

6. 马七退五　马2进1

8. 马三进五　车7平5（图133）

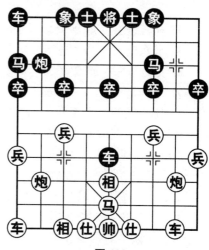

图 133

23. 马三进五　象9退7

25. 马五进三　马1进2

27. 马三进四　士5进6

29. 兵四平三！车7平9

31. 马四退六　车9进3

33. 马六进五　象7进5

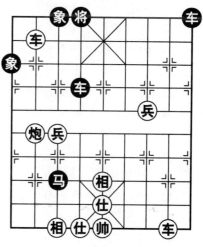

图 134

第68局 聂铁文胜李望祥

1. 相三进五 炮8平5	2. 马二进三 卒7进1
3. 马八进七 马8进7	4. 车一平二 车9平8
5. 兵七进一 炮2平3	6. 马七进八 车8进6
7. 车九进一 马7进6	
8. 仕六进五 炮5平9（图135）	
9. 车九平六 象3进5	
10. 炮二平一 车8进3	
11. 马三退二 马6进7	
12. 车六进五 马7进9	
13. 马二进一 炮3退1	
14. 车六平五 炮3平5	
15. 车五平七 马2进4	
16. 车七平六 马4进5	
17. 马一进三 马5进6	
18. 马三进五 炮5平4	
19. 兵五进一 士4进5	

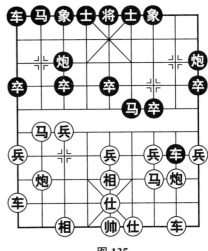

图135

20. 兵七进一！ 卒9进1	21. 兵七进一 马6进8
22. 马八进六 车1平4	23. 马六进八 车4进3
24. 兵七平六 炮9退1	25. 炮八退一 马8退6
26. 炮八平九 将5平4	27. 帅五平六 马6进7
28. 炮九平六 将4平5	29. 炮六进四 马7退9
30. 兵六平五 士5退4	31. 马八进六 将5进1
32. 前兵平四 马9进8	33. 兵五进一 马8退7
34. 兵四进一 炮9平8	35. 兵五进一 马7退6
36. 炮六平五 将5平4	37. 炮五平六 将4平5
38. 马六退八 马6进4	39. 兵五平四 炮8进8
40. 相五退三 马4进3	41. 帅六平五 马3退1
42. 炮六平五 将5平4	43. 前兵进一！炮8退4
44. 炮五平六 炮8平5	45. 仕五进六 马1退2
46. 后兵平五（图136）	

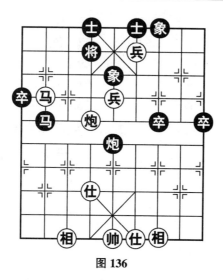

图 136

第 69 局 赵庆阁负杨官璘

1. 相三进五　炮 8 平 5
2. 马二进三　马 8 进 7
3. 兵三进一　车 9 平 8
4. 车一平二　车 8 进 6
5. 马八进七　车 8 平 7
6. 车二平三　马 2 进 1
7. 兵七进一　车 7 平 8
8. 炮二平一　炮 2 平 4（图 137）
9. 马三进四　车 1 平 2
10. 车九平八　车 8 平 9
11. 炮一平三　车 2 进 4
12. 仕四进五　炮 5 进 4
13. 炮三进四　炮 5 退 1！
14. 炮三进三　士 6 进 5
15. 炮八进二　炮 5 平 2
16. 车八进四　车 2 进 1
17. 马七进八　车 9 平 6
18. 马四进三　车 6 平 8
19. 兵三进一　卒 1 进 1
20. 兵七进一　卒 3 进 1
21. 马八进六　车 8 退 6
22. 炮三退一　车 8 进 1
23. 炮三进一　马 1 退 3

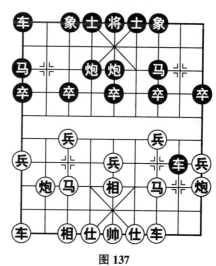

图 137

24. 马六退四　象3进5　　25. 马四进五　车8平9

26. 马五进三　炮4平7　　27. 炮三平二　车9平8

28. 炮二平一　象5进7　　29. 车三平四　马3进4

30. 马三退五　马4进5　　31. 相五退三　车8进8

32. 相七进五　炮7平2　　33. 炮一平三　马5进3

34. 车四进三　马3进5!　35. 帅五平四　炮2平6

36. 马五进四　士5进6

37. 车四平五　象7退5

38. 车五进四　士4进5

39. 车五退五　车8平7

40. 帅四进一　车7退9

41. 车五进三　卒3进1

42. 车五退一　卒3进1

43. 车五进二　卒9进1

44. 车五退一　卒9进1

45. 车五退一　车7进8

46. 帅四退一　车7进1

47. 帅四进一　车7平9（图138）

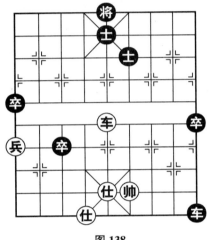

图 138

第70局　朱玉龙胜徐天红

1. 相三进五　炮8平5

2. 马二进三　马8进7

3. 车一平二　车9平8

4. 马八进七　马2进1

5. 兵三进一　炮2平4

6. 车九平八　车1平2

7. 仕四进五　车8进6

8. 炮八进四　车8平7

9. 车二平三　卒1进1

10. 炮二进四　士4进5（图139）

11. 兵七进一　马1退3?

12. 炮八进二　卒5进1

13. 炮八平五!　车2进9

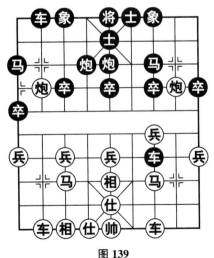

图 139

14. 炮五退三　炮5进4	15. 马七退八　炮5退1
16. 马三进五　车7平8	17. 炮二平七　马3进4
18. 炮七平三　将5平4	19. 马八进七　炮4平3
20. 炮五平六　将4平5	21. 兵三进一　炮3进5
22. 马五退七　象7进9	23. 炮六平五　将5平4
24. 马七进五　象9进7	25. 车三进四　车8进3
26. 相五退三　车8退6?	27. 炮五平六！将4平5
28. 车三平五　士6进5	29. 炮三平一　马7进9
30. 兵七进一　象7退5	31. 马五进三　车8平7
32. 相七进五　马9进7	33. 车五平八　马4退6
34. 兵七平八　卒1进1	
35. 兵九进一　车7平4	
36. 炮六退三　马6进8	
37. 兵九进一　车4进3	
38. 车八平四　马8进7	
39. 相五进三　车4平9	
40. 炮六平五　车9平5	
41. 车四进一　车5退1	
42. 相三进一　车5退2	
43. 兵八平七　马7进9	
44. 兵七平六　车5进3	
45. 车四平二　马9退7	
46. 车二进四　士5退6	
47. 帅五平四（图140）	

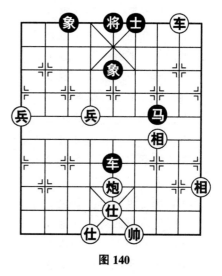

图 140

第71局　于幼华胜郝继超

1. 相三进五　炮8平5	2. 马二进三　卒7进1
3. 兵七进一　马8进7	4. 马八进七　车9平8
5. 车一平二　炮2平3	6. 马七进八　马7进6
7. 仕六进五　炮5平7	8. 车九进一　马6进7（图141）
9. 车九平六　象3进5	10. 车六进五　马7进9
11. 车二进一　卒7进1	12. 车六平五　卒7进1
13. 马三退二　马9进8	14. 炮二进四！士4进5

15. 车二退一　马2进4

16. 车五平六　炮3平2

17. 炮八进五　马4进2

18. 车六平三　炮7平9

19. 马八进七　卒7平6

20. 车二进三　卒6平5

21. 车二平五　卒9进1

22. 炮二平一　车1平4

23. 马七退五　卒9进1

24. 兵一进一　炮9进3

25. 车五平一　炮9平5

26. 马五退三　车4进5

27. 车一平五　卒1进1

28. 车三平八　马2退3

30. 车五平二　炮8平5

32. 车八平五　炮5平2

34. 炮一进一　炮8进5

35. 相五退三　车8进2

36. 炮一平八　车4平3？

37. 相七进五　车3进3

38. 炮八进四　士5退4

39. 车八进五　士6进5

40. 车五平四　炮8退3

41. 马二退三　车8退1

42. 车四平六　象5进7

43. 马三进五　车8进1

44. 帅五平六　炮8平7

45. 车六进二　车8平5

46. 马五进四！将5平6

47. 车六平五（图142）

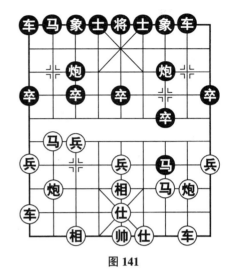

图 141

29. 马三进二！炮5平8

31. 炮一退二　炮5退1

33. 车二平八　炮2平8

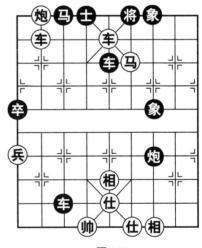

图 142

第72局　万春林负汪洋

1. 相三进五　炮8平5

2. 马二进三　马8进7

3. 车一平二　车9平8

5. 兵七进一　车8进4

7. 马三退二　车1进1

9. 马二进四　车8进3

10. 车九平六　士6进5（图143）

11. 车六进三　卒1进1

12. 车六平四　炮5平4

13. 兵三进一　象7进5

14. 炮八进一　炮4进6

15. 炮一平三　炮4退5

16. 马四进三　车8进3

17. 炮三退二　炮4进3

18. 马三退四　车8平7

19. 马四进六　炮4退2

20. 仕六进五　卒7进1

21. 兵三进一　车7退3

22. 炮三进七　炮2平7

24. 兵七进一　卒3进1

26. 车四进二　炮7平8

28. 马六进五　车7平5

30. 车二平三　炮7退2

32. 炮八平九　炮7平6

33. 车三平一　炮6进6！

34. 兵九进一　炮6平9

35. 车一平二　卒1进1

36. 兵一进一　卒1平2

37. 车二进三　士5退6

38. 车二退四　士4进5

39. 炮九平六　炮1进7

40. 仕五退六　象3进1

41. 车二退二　炮1退3

42. 车二进一　车5平4

43. 炮六平七　卒5进1

44. 马五退七　车4退1

4. 马八进七　马2进1

6. 炮二平一　车8进5

8. 车九进一　车1平8

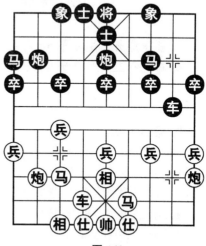

图 143

23. 马七进六？马1进2！

25. 前马进八　炮4平2

27. 车四平二　炮2退2

29. 兵一进一　炮8平7

31. 炮八进三　炮2平1

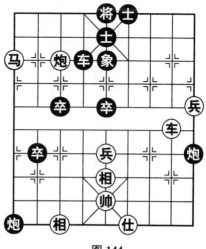

图 144

45. 炮七进一　卒 2 进 1　　　46. 马七进八　炮 1 进 3!

47. 马八进九　车 4 进 6　　　48. 帅五进一　车 4 退 7（图 144）

第73局　张晓平胜蔡忠诚

1. 相三进五　炮 8 平 5　　　2. 马二进三　马 8 进 7

3. 车一平二　车 9 平 8　　　4. 兵三进一　炮 2 平 4

5. 马八进七　马 2 进 3　　　6. 车九平八　车 1 平 2

7. 仕四进五　车 2 进 6　　　8. 炮二进一　卒 3 进 1

9. 炮八平九　车 2 进 3

10. 马七退八　车 8 进 4（图 145）

11. 炮二平三　车 8 进 5

12. 马三退二　象 7 进 9

13. 马二进三　卒 7 进 1

14. 兵三进一　象 9 进 7

15. 炮三进四　炮 4 平 7

16. 马三进二　炮 7 平 9?

17. 马二进一　炮 9 进 4

18. 马一退三!　炮 9 平 3

19. 兵五进一　炮 5 退 1

20. 马八进七　象 3 进 5

21. 马三进四　炮 5 平 6

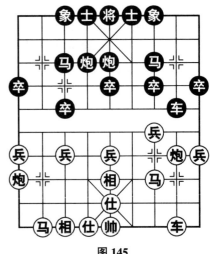

图 145

22. 马七进五　士 6 进 5　　　23. 马四退二　炮 6 进 5

24. 马二进三　将 5 平 6　　　25. 相五退三!　炮 6 退 5

26. 炮九平一　马 3 进 4　　　27. 马五进三　炮 3 平 7

28. 前马退四　马 4 进 3　　　29. 炮一进一　马 3 进 4

30. 马四退二　炮 7 平 5　　　31. 相三进五　士 5 进 6

32. 马二进三　将 6 平 5　　　33. 后马进二　炮 5 平 2

34. 炮一进六　炮 6 平 3　　　35. 马二进四　将 5 进 1

36. 马四进五　将 5 退 1　　　37. 马五进七　炮 2 退 4

38. 马三退五　士 4 进 5　　　39. 炮一退八　马 4 退 3

40. 马七进五　士 5 进 4　　　41. 前马进三　将 5 平 4

42. 马三退四　马 3 进 5　　　43. 仕五进四　炮 3 进 8

44. 帅五进一　马 5 退 3　　　45. 兵五进一　卒 3 进 1

46. 马五进七　将4进1　　　　**47.** 马七进八　将4退1

48. 马四进六（图146）

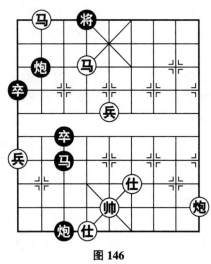

图 146

第74局　李日纯负陈孝堃

1. 相三进五　炮8平5　　　　**2.** 马二进三　卒7进1

3. 兵七进一　炮2平3　　　　**4.** 车一平二　马2进1

5. 马八进七　车1平2　　　　**6.** 炮八平九　马8进7

7. 马七进六　车9平8

8. 车九进一　车8进6（图147）

9. 车九平四　车2进4

10. 仕四进五　车2平4

11. 车四进三　车8平7

12. 炮二进四　卒7进1

13. 车四进二　车4进1

14. 炮二平三　象7进9

15. 炮三退三　卒7进1

16. 马三退一　炮5进4

17. 车四平三　车4平3！

18. 车二进六　象3进5

19. 帅五平四　车3平6

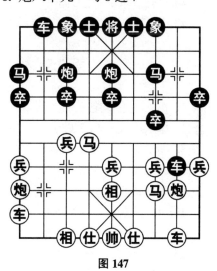

图 147

20. 仕五进四　车6平4
21. 仕六进五　炮5平2
22. 炮九平八　车4进1
23. 车二退二　卒3进1
24. 车二平八　马1进3
25. 车八进三　马3进5
26. 车三平四　炮2平3
27. 车八平九　车4退3
28. 马一退三　车4平2
29. 炮八平六　卒7进1
30. 马三进一　卒7进1
31. 炮六退一　象5退3
32. 车九进一　前炮平6
33. 帅四平五　炮3进7!
34. 炮六平三　炮3平1
35. 仕五进六　车2进5
36. 炮三退一　炮6平5
37. 帅五平四　车2进1
38. 帅四进一　炮1平7
39. 仕四退五　士6进5
40. 马一进三　炮5平3
41. 车九退二　炮3进2
42. 仕五退六　炮3平1
43. 车九平六　车2退1
44. 帅四退一　炮7平4
45. 仕六退五　炮4平1
46. 帅四进一　车2退1
47. 仕五进四　前炮平2
48. 马三进四　车2进1
49. 仕四退五　车2退5 （图148）

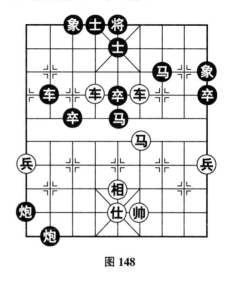

图 148

第 75 局　陈富杰胜于幼华

1. 相三进五　炮8平5
2. 马八进七　马8进7
3. 炮八平九　马2进1
4. 车九平八　车1平2
5. 马二进三　车9平8
6. 车一平二　车8进4
7. 炮二平一　车8平4
8. 车二进四　卒1进1 （图149）
9. 车八进六　炮2平3
10. 车八进三　马1退2
11. 兵七进一　马2进1
12. 仕四进五　炮5平4
13. 车二平四　象7进5
14. 兵三进一　士6进5
15. 马三进二　车4平8
16. 兵三进一　卒7进1
17. 马七进六　炮3退1
18. 兵一进一　车8退4

19. 炮九进三！　炮 3 平 2

20. 炮一平二　车 8 平 9

21. 马六退七　马 1 进 2

22. 炮二平三　车 9 平 8

23. 炮九进一　马 2 退 3

24. 炮九平八　炮 2 平 3

25. 马七进六　卒 3 进 1

26. 兵七进一　炮 3 进 3

27. 炮八平七　卒 9 进 1？

28. 炮三进五　炮 4 平 7

29. 马二进四　炮 7 平 6

30. 马四进六　卒 9 进 1

31. 后马进五　马 3 进 5

32. 炮七平五　炮 3 退 2

34. 车四平一　炮 3 平 4

36. 车一退三　车 8 进 7

37. 仕五退四　车 8 退 3

38. 马六退七　车 8 平 6

39. 车一平三　卒 7 进 1

40. 车三退二　车 6 退 3

41. 车三平六　炮 4 平 3

42. 车六进二　车 6 进 2

43. 车六平三　炮 3 进 2

44. 兵九进一　车 6 平 4

45. 兵九进一　车 4 退 1

46. 炮五退一　车 4 进 1

47. 兵九平八　炮 3 平 5

48. 马七进六　炮 6 进 1

49. 仕四进五！（图 150）

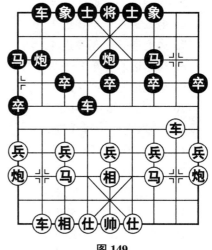

图 149

33. 炮五退一！　车 8 进 2

35. 车一进五　炮 6 退 2

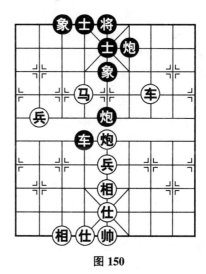

图 150

第 76 局　李智屏负吕钦

1. 相三进五　炮 8 平 5

2. 马八进七　马 8 进 7

3. 马二进三　车 9 平 8

4. 车一平二　马 2 进 1

5. 兵七进一　炮 2 平 4

6. 炮二进二　卒 3 进 1

7. 兵七进一　车 8 进 4

8. 马七进八　车 8 平 3（图 151）

9. 车九进一　卒 7 进 1

10. 车九平六　士 4 进 5

11. 车六进四　车 3 进 2

12. 车六平三？车 3 平 2

13. 炮八平六　车 2 退 1

14. 炮二平三　象 7 进 9

15. 车三进一　士 5 进 6

16. 车三平五　车 1 平 2

17. 车二进六　马 1 退 3

18. 车二平三　士 6 进 5

20. 车五平七　前车平 3

22. 车七退一　车 2 进 3

24. 炮三平五　象 9 退 7

26. 车七进四　炮 4 退 2

28. 车九退一　马 3 进 4

30. 炮五进二　车 2 平 5

32. 车九平七　炮 5 平 2

34. 车七进一　将 4 进 1

35. 车七退一　将 4 退 1

36. 车七进一　将 4 进 1

37. 车七退一　将 4 退 1

38. 炮三进三　炮 4 平 5！

39. 车七退二　马 4 进 5

40. 马三进五　车 5 平 8

41. 炮三退一　士 5 退 6

42. 炮三平八　车 8 进 5

43. 仕五退四　炮 5 进 4

44. 仕六进五　炮 5 平 1！

45. 炮九退六　炮 2 进 3

46. 相七进九　车 8 退 3

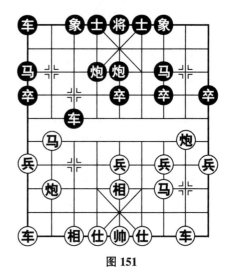

图 151

19. 仕四进五　前车退 2！

21. 车三平七　马 3 进 1

23. 炮六平七　卒 1 进 1

25. 兵三进一　车 2 进 1

27. 车七平九　马 1 退 3！

29. 炮七进七　炮 4 进 2

31. 炮五平三　炮 5 进 4

33. 炮七平九　将 5 平 4

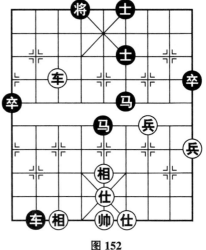

图 152

47. 炮九平八　车8平2

48. 炮八退八　车2进3

49. 相九退七　马7进6（图152）

第77局　蒋志梁负陈孝堃

1. 相三进五　炮8平5

2. 马二进三　马8进7

3. 兵三进一　车9平8

4. 车一平二　炮2平4

5. 马八进七　马2进3

6. 车九平八　车1平2

7. 仕四进五　车2进6

8. 炮二进一　卒3进1（图153）

9. 炮八平九　车2进3

10. 马七退八　车8进4

11. 炮二平三　车8进5

12. 马三退二　象7进9

13. 炮三进三　炮5进4

14. 马二进三　炮5平1

15. 马八进七　炮1退1

16. 马七进五　炮1平5

17. 兵七进一　象3进5

18. 炮九平六　炮4进4

19. 兵七进一　象5进3

20. 炮六平八　卒5进1

21. 炮八进五　马3进4

22. 炮八平一　炮5进2!

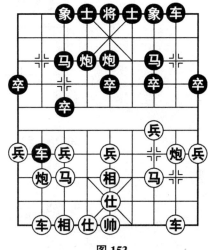

图153

23. 相七进五　卒5进1

24. 兵三进一　马4进5

25. 马三进二　卒5平6

26. 炮一平二　炮4退3

27. 炮三平九　炮4平5

28. 兵三进一　马7退8

29. 炮九进三　将5进1

30. 炮二进一　卒6平7!

31. 马二退一　炮5进4

32. 仕五进六　马5退6

33. 炮九退七　炮5退2

34. 帅五平四　象3退5

35. 马一退三　将5退1

36. 炮二平三?　卒7进1

37. 马三进五　卒7平6

38. 马五退三　炮5平6

39. 帅四平五　卒6平5

40. 炮九进七　士4进5

41. 炮九退二　士5进4

42. 炮三平一　马8进6

43. 炮一进一　将5进1

44. 炮九退一　后马进7

45. 炮九平五　将5平6

46. 炮五退二　马6进4　　47. 仕六进五　马4进2

48. 炮一平二　炮6退1　　49. 炮二退二　炮6平4！（图154）

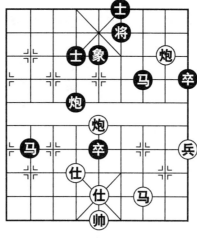

图 154

第78局　胡荣华胜钱洪发

1. 相三进五　炮8平5　　2. 马二进三　马8进7

3. 车一平二　车9平8　　4. 马八进七　马2进1

5. 兵三进一　炮2平4　　6. 车九平八　车1平2

7. 仕四进五　车2进4

8. 炮八平九　车2平4

9. 炮二进一　士6进5

10. 车八进四　卒1进1（图155）

11. 车八平四　炮5平6

12. 兵七进一　象7进5

13. 炮二平三　车8进9

14. 马三退二　炮6退2

15. 车四进四　卒3进1

16. 车四退四　卒3进1

17. 车四平七　马1进2

18. 炮三退三　马2退4

19. 车七进二！炮6进3

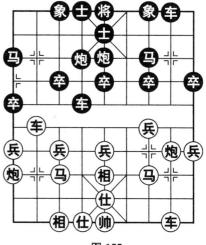

图 155

20. 马二进三 车4平2	21. 炮九退一 卒7进1
22. 兵三进一 马4进5	23. 车七退二 马5退7
24. 车七平四 炮6退3	25. 马七进六 车2平3
26. 车四平二 炮6平7	27. 炮九进一 车3进2
28. 车二进二 车3退2	29. 马三进四！后马退9
30. 车二进三 炮7平6	31. 车二退一 炮4退1
32. 车二退四 卒5进1	33. 炮三进四 炮4平3
34. 炮九平六 马7退6	35. 炮三退一 马9进8
36. 马四进五 车3进1	37. 相七进九 车3平2
38. 相九进七 炮6平8	
39. 车二平四 炮8平6	
40. 车四平二 炮6平8	
41. 车二平四 车2退2	
42. 炮三进三 车2进3	
43. 马五进三 车2退3	
44. 炮三平五！炮8平6	
45. 马三进四 将5平6	
46. 相五退三 炮3平2	
47. 相七退九 车2进2	
48. 炮六平四 将6平5	
49. 炮四进五 卒5进1	
50. 车四平二 (图156)	

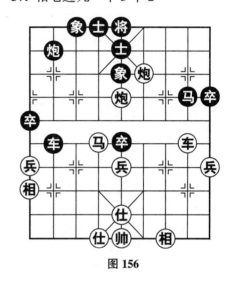

图 156

第 79 局　郑惟桐胜张学潮

1. 相三进五 炮8平5	2. 马八进七 马8进7
3. 马二进三 车9平8	4. 车一平二 炮2平4
5. 车九平八 马2进3	6. 炮八平九 车8进4
7. 兵三进一 卒3进1	8. 车八进四 车1进2 (图157)
9. 炮二平一 车8进5	10. 马三退二 马3进4
11. 马二进三 马4进3	12. 炮九平八 卒1进1
13. 马三进四 卒1进1	14. 车八退一 炮4平3
15. 兵九进一 车1进3	16. 马四进三 炮5平6
17. 车八进三 炮6进1	18. 车八进二 士6进5

19. 车八平七　　车1退3
20. 炮八进七！　象7进5
21. 车七平八　　马3退4
22. 车八退四　　车1退2
23. 兵三进一　　卒3进1
24. 车八进一　　炮3进2
25. 炮八退二　　马4退3
26. 车八退四　　卒5进1
27. 车八平三　　炮6退2
28. 车三平四　　炮6平7
29. 马三进五！　象3进5
30. 炮八平五　　士5退6
31. 车四进六　　马7退9
32. 车四平一　　马9退7

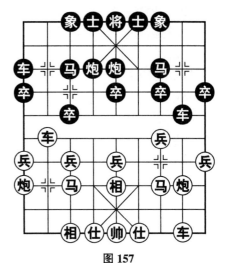

图 157

33. 车一平三　　炮7进3
35. 兵五进一　　炮7平9
37. 炮四平二　　车6平8

34. 车三进二　　车1进3
36. 炮一平四　　车1平6
38. 炮二平三　　卒5进1
39. 车三退四　　马3进5
40. 车三平五　　卒3平4
41. 炮五平九　　士6进5？
42. 车五平七！　士5进6
43. 炮九进二　　将5进1
44. 车七进三　　将5进1
45. 马七进八　　士6退5
46. 马八进六　　将5平6
47. 炮三平四　　炮9平5
48. 车七退五　　马5进7
49. 炮九退八　　车8平4
50. 车七进四（图158）

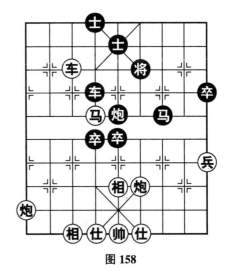

图 158

第80局　徐天利负吕钦

1. 相三进五　　炮8平5
3. 马八进七　　车9平8

2. 马二进三　　马8进7
4. 车一平二　　车8进6

5. 兵三进一　车8平7

6. 车二平三　马2进3

7. 兵七进一　车7平8

8. 炮二平一　卒5进1

9. 炮八进一　车8退2（图159）

10. 仕四进五　车1进1

11. 炮八平七　马3进5

12. 车九平八　炮2平3

13. 马三进四　车1平4

14. 炮七进三　象3进1

15. 马四进三　卒5进1

16. 马三进五　象7进5

17. 兵五进一　车4进5

18. 车八进七　象1退3

19. 兵三进一　车8进3

20. 兵五进一　车8平9

21. 兵五进一　马7进5

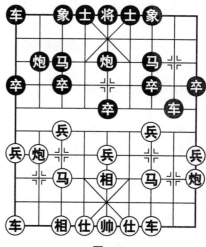

图 159

22. 兵三平四　炮3进3！

23. 兵四进一？马5进3！

24. 马七进八　炮3退2

25. 马八退六　马3进4

26. 车八退一？炮3进1！

27. 车三进三　车9进2

28. 相五退三　马4进3

29. 帅五平四　炮3进5

30. 帅四进一　车9平8

31. 车八退六　马3退5

32. 车三平五　车8退1

33. 帅四进一　车8退1

34. 帅四退一　炮3平7

35. 车八进二　车8进1

36. 帅四进一　车8退3！

37. 帅四退一　车8平6

38. 仕五进四　马5进4

39. 帅四退一　炮7退2

40. 车八进一　车6进2

41. 帅四平五　马4退3

42. 车五平四　车6平5

43. 帅五平四　马3退4

44. 车八平五　车5平4

45. 车四进一　马4进5

46. 帅四平五　车4进2

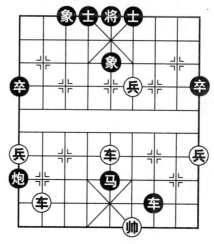

图 160

47. 帅五进一　马5进3　　　**48.** 帅五平四　炮7平1

49. 车四平八　车4平7　　　**50.** 车八退三　车7退1

51. 帅四退一　马3退5（图160）

第81局　胡荣华胜钱洪发

1. 相三进五　炮8平5　　　**2.** 马二进三　马8进7

3. 车一平二　车9平8　　　**4.** 马八进七　马2进1

5. 兵七进一　炮2平4　　　**6.** 炮二进二　车8进4

7. 仕四进五　卒3进1

8. 兵七进一　车8平3（图161）

9. 马七进八　卒7进1

10. 车二平四　士4进5？

11. 炮二进二　卒1进1

12. 炮二平三　象7进9

13. 车九进一　马1进2

14. 车四进四　炮4平2

15. 炮八进三　车3平2

16. 马八退七　炮5平4

17. 马七进六　车2平4

18. 马六进四　卒5进1

19. 马四进三　炮2平7

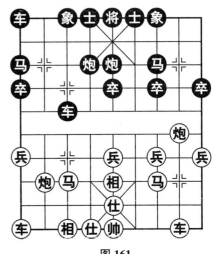

图161

20. 车四进二　象3进5　　　**21.** 车九平八　车1平3

22. 车八进五　车4进4　　　**23.** 车八平五！象9退7

24. 车四进二　炮7平6　　　**25.** 车五进一　炮4退1

26. 车四退一　车3进3　　　**27.** 车五退二　车3平7

28. 车四退二！象7进9　　　**29.** 车五平六！车7平4

30. 车六平九　前车退2　　　**31.** 兵三进一　卒7进1

32. 相五进三　炮4进1　　　**33.** 相三退五　后车平8

34. 车四平五　象9退7　　　**35.** 马三进四　车4退1

36. 车九进四　炮4退2　　　**37.** 车五平四　象7进5

38. 马四进二　车4进1　　　**39.** 兵五进一　士5进6

40. 马二进四　士6进5　　　**41.** 兵五进一　车4平9

42. 兵九进一　将5平6　　　**43.** 马四退六　车8平4

44. 兵五进一！ 车4平5

45. 马六进七 车5平4

46. 马七进五 将6平5

47. 马五退三 士6退5

48. 车九退一 炮4进1

49. 车四平八 士5进6

50. 车八进四 将5进1

51. 车九进一（图162）

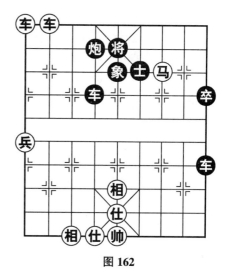

图 162

第 82 局　胡庆阳负蒋全胜

1. 相三进五 炮8平5

2. 马二进三 马8进7

3. 车一平二 车9平8

4. 马八进七 马2进1

5. 兵三进一 炮2平4

6. 炮二进四 车1平2

7. 车九平八 车2进6

8. 炮八平九 车2平3（图163）

9. 马七退五 士6进5

10. 兵九进一 炮5进4

11. 马三进五 车3平5

12. 马五进三 车5退1

13. 仕四进五 象7进5

14. 车八进八 车5平1

15. 炮二进一 马7退6！

16. 炮二平六 车8进9

17. 马三退二 士5进4

18. 马二进三 士4进5

19. 马三进五 马6进8

20. 马五退七 马8进6

21. 车八退五 卒7进1

22. 马七进九 车1平5

23. 马九进八 象5进3！

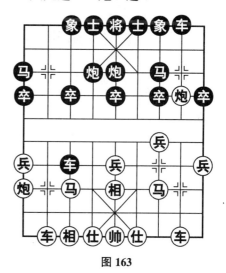

图 163

24. 马八进九　象3退1	25. 车八进五？象1进3
26. 兵三进一　马6进7	27. 车八退二　卒1进1
28. 车八平七　象3进5	29. 车七平六　车5进1
30. 兵一进一　车5退1	31. 车六退三　卒1进1
32. 车六平三　马7进9	33. 车三平一　马9退7
34. 相五退三　车5平7	35. 相七进五　车7平6
36. 车一平三　卒5进1	37. 相五进三　马7进9
38. 车三退一　卒5进1	
39. 炮九平四　车6进1	
40. 车三平一　马9退7	
41. 炮四平三　车6平7	
42. 相三进五　卒5平6	
43. 炮三退二　卒6进1	
44. 炮三平一　车7退1	
45. 炮一进六　车7平8	
46. 炮一平四　车8进4	
47. 仕五退四　马7进5	
48. 车一进七　士5退6	
49. 炮四平五　士4退5	
50. 仕六进五　车8退6	
51. 炮五退一　车8平2（图164）	

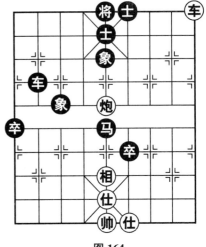

图 164

第 83 局　徐天利胜吕钦

1. 相三进五　炮8平5	2. 马二进三　卒7进1
3. 兵七进一　马8进7	4. 马八进七　车9平8
5. 车一平二　炮2进4	6. 马七进八　马2进1
7. 兵九进一　车8进4	8. 兵九进一　卒1进1（图165）
9. 车九进五　车1平2	10. 仕四进五　士4进5
11. 车九平六　炮5平2	12. 炮二平一　车8进5
13. 马三退二　象7进5	14. 马二进四　前炮平3
15. 炮八进五　车2进2	16. 马八退九　炮3平2
17. 兵一进一　车2进2	18. 车六退二　炮2进1
19. 车六退一　炮2进1	20. 马四进二　车2进2

21. 车六退一　炮 2 退 1

22. 车六进一　炮 2 进 1

23. 车六退一　马 7 进 6

24. 马二退四　马 1 进 2

25. 车六进四　马 2 进 4

26. 兵五进一！车 2 平 6

27. 马四进二　车 6 退 1

28. 炮一进四　炮 2 退 1

29. 马二退三　车 6 进 3

30. 马三进四　炮 2 平 6？

31. 车六平四　炮 6 退 2

32. 炮一进三　象 5 退 7

33. 车四平三　车 6 平 8

34. 车三进四　炮 6 进 1

36. 炮一退三　车 8 进 9

38. 仕六进五　炮 6 平 5

39. 马九进八　车 8 退 5

40. 炮一进三　车 8 退 4

41. 炮一退三　车 8 进 4

42. 车三平四　车 8 平 1

43. 车四进二　士 5 进 4

44. 马八退九　士 6 进 5

45. 车四退五　车 1 进 2

46. 炮一平二　卒 5 进 1

47. 车四进一　卒 3 进 1

48. 兵五进一　卒 3 进 1

49. 车四平五！士 5 进 6

50. 兵五平六　士 4 退 5

51. 炮二平六！（图 166）

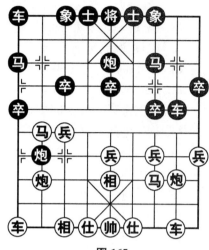

图 165

35. 车三退三　车 8 退 8

37. 仕五退四　象 3 进 5

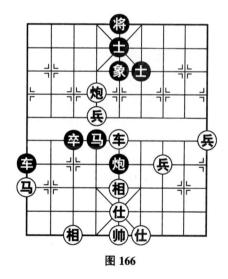

图 166

第 84 局　胡荣华胜杨官璘

1. 相三进五　炮 8 平 5

2. 马二进三　马 8 进 7

3. 兵三进一　车 9 平 8

4. 车一平二　车 8 进 6

5. 马八进七　车8平7

6. 车二平三　马2进1

7. 兵七进一　车7平8

8. 炮二平一　炮2平4（图167）

9. 马三进四　车1平2

10. 车九平八　车8平9

11. 炮一平三　车2进4

12. 仕四进五　炮5进4

13. 炮三进四　炮5退1

14. 炮八进二　炮5平2

15. 车八进四　车2进1

16. 炮三进三　士6进5

17. 马七进八　车9平6

18. 马四进三　车6平8

19. 兵三进一　车8退6

20. 炮三退一　车8进1

21. 炮三进一　炮4退1

22. 车三进四　车8退1

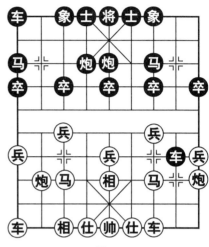

图167

23. 车三平六　炮4平3

24. 炮三平六　士5退4

25. 车六进四　马7退6?

26. 马八进七!　马1进3

27. 车六平七　马3退5

28. 车七进一　马5进7

29. 兵三进一　车8进2

30. 车七退三　车8平5

31. 车七平九　卒5进1

32. 兵七进一　卒5进1

33. 兵七平六　卒9进1

34. 兵六进一　卒9进1

35. 兵六平五　车5平4

36. 车九退一　卒9进1

37. 车九平五!　卒5平6

38. 兵九进一　卒6进1

39. 兵九进一　卒9平8

40. 兵九进一　士4进5

41. 兵九平八　卒8平7

42. 兵八平七　车4平1

43. 车五平七　卒6平5

44. 兵七进一　卒7平6

45. 兵三平四　卒6平7

46. 车七进一　卒7平6

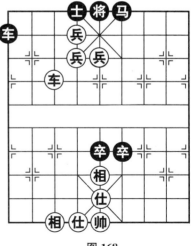

图168

47. 兵五平六　车1退2　　　　**48.** 兵四平五　车1进1

49. 兵六进一　马6进7　　　　**50.** 兵五进一　士5退4

51. 兵七进一　马7退6　　　　**52.** 兵七平六！（图168）

第85局　许银川负吕钦

1. 相三进五　炮8平5　　　　**2.** 马二进三　马8进7

3. 车一平二　车9平8　　　　**4.** 马八进七　炮2平4

5. 车九平八　马2进3　　　　**6.** 炮八平九　卒3进1

7. 兵三进一　车8进6　　　　**8.** 马三进四　车8退3（图169）

9. 车八进一　车1进1

10. 车八平六　炮4退1

11. 车二进一　炮4平9

12. 炮二平三　车8进5

13. 车六平二　车1平6

14. 马四进三　车6进2

15. 车二进二　卒5进1

16. 马三退二　马7进5

17. 马二进三　炮5平7！

18. 炮九退一　马3进4

19. 炮九平五　马5退6

20. 炮一进五？车6进4

21. 炮三退二　马4进3

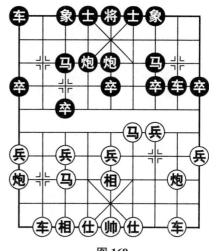

图169

22. 仕六进五　车6进1　　　　**23.** 炮三进二　车6平7

24. 车二退一　炮9进5　　　　**25.** 车二平一　炮9平8

26. 车一平二　炮8平9　　　　**27.** 马三退四　炮9进3

28. 车二退二　炮7进5　　　　**29.** 马四退三　炮9退2

30. 炮一退三　马3进5！　　　**31.** 相七进五　炮9平5

32. 帅五平六　车7退1　　　　**33.** 马七进六　炮5平1

34. 车二进五　马6进4　　　　**35.** 马六进七　车7退1

36. 马七退五　马4进5　　　　**37.** 车二平五　象7进5

38. 炮一进三　士6进5　　　　**39.** 炮一平五　炮1平5

40. 车五平七　炮5退4　　　　**41.** 车七进一　炮5进1

42. 兵五进一　炮5平9　　　　**43.** 车七平一　炮9平8

44. 车一平二　炮8平9

45. 兵五进一　卒1进1

46. 兵五进一　车7退1

47. 车二退三　车7平4

48. 帅六平五　车4进1

49. 车二进二　炮9进5

50. 车二退五　炮9退3

51. 车二进九　士5退6

52. 车二退四　车4平1 （图170）

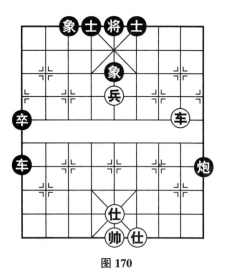

图 170

第 86 局　　胡荣华胜吕钦

1. 相三进五　炮8平5　　　　2. 马八进七　马8进7

3. 马二进三　车9平8　　　　4. 车一平二　车8进6

5. 炮二平一　车8进3　　　　6. 马三退二　卒7进1

7. 兵七进一　马2进1　　　　8. 兵九进一　车1进1

9. 车九进一　车1平8　　　　10. 马二进四　车8进7（图171）

11. 炮八平九　炮5平6

12. 马四进六　车8平1

13. 马七退九　炮2平5

14. 仕六进五　炮5进4

15. 炮九进四！　炮6进6

16. 马九进八　象7进5

17. 兵九进一　炮6平9

18. 帅五平六　卒5进1

19. 兵九平八　士6进5

20. 兵八进一　马1退3

21. 兵八平七　马7进6

22. 前兵进一　马6进7

23. 相五退三　马3退1

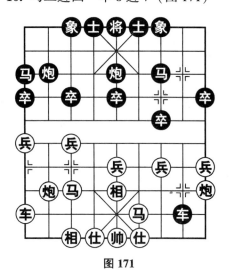

图 171

24. 后兵进一! 炮 5 平 4　　25. 帅六平五　卒 5 进 1

26. 后兵进一　卒 9 进 1　　27. 炮九退四　炮 9 进 1

28. 炮一平二　卒 5 进 1　　29. 炮二进一　马 7 进 5

30. 炮二平六　马 5 进 7　　31. 帅五平六　卒 5 平 4

32. 炮九退一　马 7 退 8　　33. 马六进四　炮 9 退 1

34. 炮九进二　马 8 退 6　　35. 马八进九　卒 4 平 5

36. 马四退二　马 6 进 7　　37. 炮九进六　卒 5 平 6

38. 马九退八　炮 9 平 8　　39. 炮九退六　卒 7 进 1

40. 马二进三! 炮 8 退 2

41. 炮九平四　炮 8 平 2

42. 炮四进二　炮 2 平 8

43. 马三进二　炮 8 平 7

44. 相七进五　马 7 退 9

45. 马二进三　将 5 平 6

46. 后兵平六　象 5 进 7

47. 马三退四　将 6 平 5

48. 兵七进一　马 9 进 7

49. 炮四平七　象 3 进 1

50. 炮七平八　炮 7 平 4

51. 炮八进四　象 1 退 3

52. 兵六平五! (图 172)

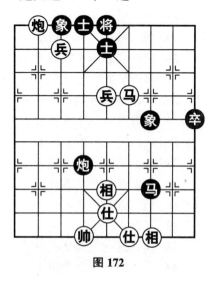

图 172

第 87 局　胡荣华负陈孝堃

1. 相三进五　炮 8 平 5　　2. 马二进三　马 8 进 7

3. 车一平二　车 9 平 8　　4. 马八进七　马 2 进 1

5. 兵七进一　卒 3 进 1　　6. 炮二进四　卒 3 进 1

7. 相五进七　车 1 进 1　　8. 兵三进一　车 1 平 4 (图 173)

9. 相七退五　车 4 进 5　　10. 车九进二　炮 2 平 3

11. 炮八进四?　车 4 平 3　　12. 马七退五　马 1 进 3

13. 车九平六　士 6 进 5　　14. 马五退三　马 3 进 5

15. 车六进二　车 3 平 2　　16. 炮八退二　马 5 进 6

17. 车六平四　马 6 进 7　　18. 车四退三　车 2 进 2

19. 仕四进五　炮 3 进 6!　　20. 仕五进六　炮 3 退 1

21. 帅五平四　车2平6

22. 帅四进一　象7进9

23. 炮八平四　卒5进1

24. 车二进四　卒1进1

25. 后马进一　炮3退1

26. 马一进二　前马退9

27. 帅四退一　卒9进1！

28. 马二退一　卒9进1

29. 车二退二　卒9进1

30. 炮二退二　马7进9

31. 仕六进五　车8进4

32. 帅四平五　象9退7

33. 炮四退四　炮5平9

34. 兵五进一　卒9平8

35. 车二进一　前马进7！

36. 炮四进一　炮9进6

37. 车二平七　炮9平6

38. 车七平四　炮6退1

39. 帅五平六　马9进8

40. 车四退一　卒5进1

41. 马三进二　车8进1

42. 车四平三　车8进4

43. 相五退三　马7进9

44. 兵三进一　卒7进1

45. 车三进三　象3进5

46. 车三退二　马9退8

47. 相七进五　卒5平6

48. 车三进三　马8进6

49. 车三退五　马6退5

50. 车三进二　马5进3

51. 帅六平五　马3退4

52. 车三平六　卒6平5 （图174）

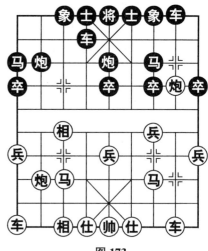

图 173

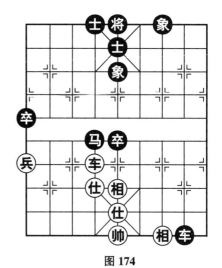

图 174

第88局　刘殿中胜杨官璘

1. 相三进五　炮8平5

2. 马二进三　马8进7

3. 车一平二　车9平8

4. 兵三进一　车8进6

5. 马八进七　车8平7

6. 车二平三　马2进1

7. 兵七进一　车7平8

8. 车三平二　炮2平4（图175）

9. 炮八进一　车8退2

10. 炮二平一　车8平2

11. 车九平八　卒7进1

12. 兵三进一　炮4进5

13. 车二进二　车2平7

14. 仕六进五　炮5进4

15. 炮八退一！炮4平2

16. 车八进二　炮5退1

17. 车八进一　车1平2

18. 车八平五　卒5进1

19. 炮一退一　象7进5

20. 炮一平三　车7平8

21. 车二进三　马7进8

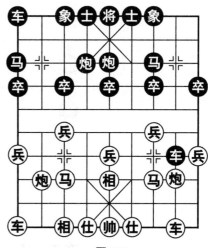

图 175

22. 车五平四　车2进7

23. 马七进五　车2退1

24. 车四平二　马8退6

25. 车二进三　马6退4

26. 炮三平二　象5退7

27. 车二平六　士4进5

28. 马五进三　车2平7

29. 后马进五　炮5进2？

30. 相七进五　卒5进1

31. 马五退七　车7平3

32. 马七退六　车3平8

33. 炮二平一　卒5平6

34. 马三进二　车8平9

35. 炮一进五！将5平4

36. 马二进三　马1退3

37. 车六平七　马4进5

38. 车七退一　车9退3

39. 车七平五　马3进5

40. 马三退五　象7进5

41. 马六进七　将4平5

42. 马七进五　车9平7

43. 马五进六　卒1进1

44. 车五退二　车7平1

45. 车五平八　士5退4

46. 马六进八　士6进5

47. 车八进二　士5进6

48. 马八进六　将5平6

49. 马六进八　车1平4

50. 兵七进一　车4进3

51. 兵七进一　车4平1

52. 马八进六（图176）

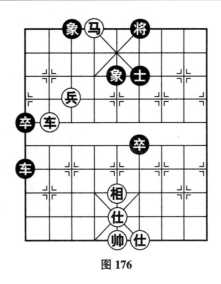

图 176

第 89 局　李来群负柳大华

1. 相三进五　炮 8 平 5	2. 马八进七　马 8 进 7
3. 马二进三　卒 7 进 1	4. 兵七进一　炮 2 平 3
5. 马七进八　车 9 平 8	6. 车一平二　马 7 进 6
7. 仕六进五　马 6 进 7	8. 兵九进一　炮 5 平 7（图 177）
9. 车九进三　象 3 进 5	10. 车九平六　车 8 进 5

11. 炮八平九　马 2 进 1

12. 马八进九　炮 3 平 4

13. 车六平八　车 1 平 2

14. 车八进六　马 1 退 2

15. 炮二平一　车 8 平 4

16. 炮一进四　车 4 进 3

17. 车二进六　士 4 进 5

18. 炮一平五　炮 4 平 2

19. 马九退八　马 2 进 4

20. 炮五退二　炮 2 进 1

21. 车二进一?　炮 7 进 1!

22. 车二退三　车 4 平 2

23. 炮五平六　马 4 进 5

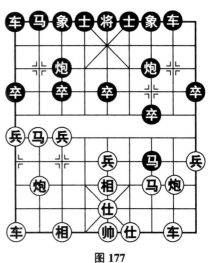

图 177

24. 马八退七　车2退1　　25. 马七退六　马5进4

26. 车二平六　马7进9！　　27. 车六平四　炮7进4

28. 车四退二　马9进8　　29. 兵一进一　卒7进1

30. 仕五进六　卒7进1　　31. 相五退三　车2退1

32. 兵五进一　车2平3　　33. 车四退一　炮2进6

34. 炮九退二　车3平5　　35. 车四平五　车5平1

36. 炮九进一　炮7平8！　　37. 车五平二　卒7进1

38. 车二平八　炮8平4　　39. 车八退一　车1进2

40. 车八进二　车1平4

41. 仕四进五　炮4进2

42. 仕五退六　卒7进1

43. 兵五进一　卒7平6

44. 车八平四　将5平4

45. 兵五平六　车4退4

46. 仕六进五　卒6平5

47. 帅五进一　车4进4

48. 帅五退一　车4进1

49. 帅五进一　车4平3

50. 相三进五　车3平1

51. 车四平二　车1退1

52. 帅五退一　马8退6

53. 车二进一　将4平5（图178）

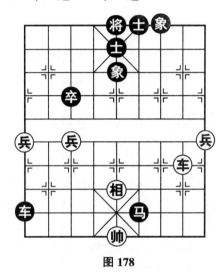

图 178

第90局　胡荣华胜李来群

1. 相三进五　炮8平5　　2. 马二进三　马8进7

3. 马八进七　马2进1　　4. 兵三进一　车9平8

5. 车一平二　炮2平4　　6. 车九平八　车1平2

7. 仕四进五　车2进4　　8. 炮八平九　车2平4（图179）

9. 炮二进一　卒1进1　　10. 炮二平三　车8进9

11. 马三退二　车4平8　　12. 马二进三　炮4进1

13. 兵七进一　士6进5　　14. 车八进三　炮5平4

15. 兵五进一　象7进5　　16. 炮三平七　车8平4

17. 车八进四　卒7进1　　18. 兵三进一　车4平7

19. 马七进五　车7平2

20. 车八退二　马1进2

21. 炮七进三　前炮进3

22. 炮九进三　马2进1

23. 相七进九　后炮进3

24. 帅五平四　马1退2?

25. 兵五进一!　卒5进1

26. 炮九平五　马2退4

27. 马三进二　马4退6

28. 炮五平八　马6进5

29. 马五进六!　马5进7

30. 相五进三　前炮退2

31. 马二进三　后炮平6

32. 炮八平五　炮6退1

34. 帅四平五　前炮退1

36. 炮六进一　马8进7

38. 相三退五　前炮平7

40. 炮五退二　炮6退3

42. 兵一进一　炮7平2

43. 炮八退三　炮2进1?

44. 炮五平三　马7退9

45. 马三进二　将6平5

46. 炮八平五!　炮2平9

47. 兵七进一　卒9进1

48. 炮三平七　象3进1

49. 兵七进一!　炮9平5

50. 兵七平六　炮6退2

51. 炮七进五　炮6进5

52. 马二退四　将5平6

53. 炮五平四（图180）

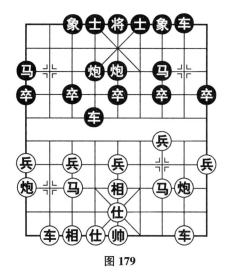

图 179

33. 炮七平六!　炮4平6

35. 炮六进一　马7退8

37. 相九退七　将5平6

39. 炮六平八　炮6进1

41. 炮八进一　炮6进2

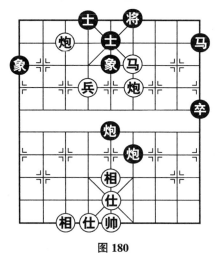

图 180

第 91 局　林宏敏胜王荣塔

1. 相三进五　炮8平5　　　2. 马二进三　马8进7

3. 车一平二　车9平8

4. 兵三进一　车8进6

5. 马八进七　车8平7

6. 车二平三　炮2平4

7. 兵七进一　马2进1

8. 车九平八　车1平2

9. 炮八进四　车7平8

10. 炮二平一　卒1进1（图181）

11. 仕四进五　车8进1

12. 炮一退一　车8退3

13. 马三进四　车8平6

14. 炮八退二　炮4进3

15. 马七进六　车6进1

16. 马六退七　车6退1

17. 炮八进三　马7退5

18. 车三平四　车6平8

19. 炮一进五　马5进3

20. 炮八退一　士4进5

21. 马七进六　马1进2

22. 马六进五　车2进3

23. 兵七进一！卒3进1

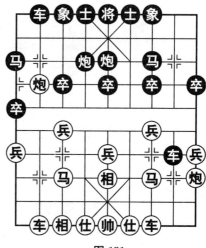

图 181

24. 马五进七　车8退1

25. 炮一退一！车8进1

26. 兵一进一　车2退1

27. 马七退八　卒3进1

28. 车四进四　车8平2

29. 车八进五　车2进2

30. 车四平七　象3进1

31. 车七进二　车2平5

32. 车七平三　炮5进4

33. 车三进三　车5平8

34. 帅五平四　车8平6

35. 帅四平五　车6平8

36. 帅五平四　炮5平7

37. 车三平一　炮7平6

38. 车一退三　炮6退1

39. 车一平九　炮6平9

40. 炮一平九　车8平6

41. 帅四平五　象1退3

42. 相七进九　车6平8

43. 帅五平四　车8平6

44. 帅四平五　象3进5

45. 相九进七　炮9进1

46. 兵九进一　炮9退2

47. 车九进三　士5退4

48. 炮九进二　车6平2

49. 炮九平六　炮9平5

50. 车九退三　士6进5

51. 炮六退三　炮5进2

52. 车九平五　车2平4

53. 炮六平四　炮5平1

54. 炮四平五（图182）

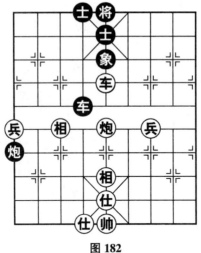

图 182

第 92 局　焦明理负吕钦

1. 相三进五　炮8平5	2. 马二进三　马8进7
3. 兵三进一　车9平8	4. 车一平二　炮2平4
5. 马八进七　马2进3	6. 车九平八　车1平2
7. 仕四进五　车2进4	8. 炮八平九　车2进5
9. 马七退八　车8进4	10. 炮二平一　车8进5

11. 马三退二　炮5进4（图183）

12. 马八进七　炮5平8

13. 兵七进一　卒5进1

14. 马七进六　炮4进2

15. 马六退四　卒5进1

16. 马四进五　士4进5

17. 马二进三　卒7进1

18. 炮九平七　马3进5

19. 炮七进四　炮8退2

20. 马五进三　卒7进1

21. 相五进三　炮4平7

22. 后马退二　象3进5

23. 炮一平三　炮7进3

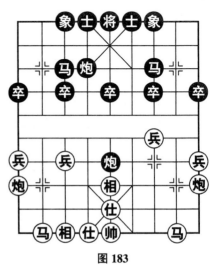

图 183

24. 马二进三　象5进7！

25. 后马进二　卒5平4

26. 相七进五　卒4平3

27. 兵一进一　卒3平2

28. 炮七退五　马5进6

29. 兵一进一　卒9进1

30. 马三退一　象7退5

31. 仕五进六　马7进6

32. 马二退一　后马进4

33. 仕六进五　炮8平5

34. 炮七平六　马4进2

35. 前马进二？马2进4

36. 马二退四　马4进2

37. 马四进三　将5平4

38. 马一进三　马2退3

39. 炮六退一　炮5进2

40. 兵九进一　炮5平6

41. 后马退四　马6退5

42. 马四进五　马3退5

43. 马五退七　炮6平3

44. 马三退二　卒2平1

45. 相五进七　后马进7

46. 炮六进四　后卒进1

47. 马二进三　炮3平4

48. 马七退九　马7退5

49. 炮六进一　前卒平2

50. 相七退九　前马进3

51. 炮六平五　马3进2！

52. 炮五平一　炮4进2

53. 马三退四　卒2进1

54. 马四退五　炮4平1（图184）

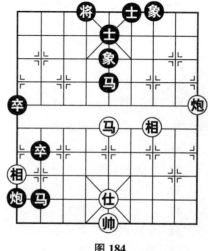

图184

第93局　许银川胜陈孝堃

1. 相三进五　炮8平5

2. 马二进三　马8进7

3. 车一平二　车9平8

4. 马八进七　马2进1

5. 兵三进一　炮2平4

6. 车九平八　车1平2

7. 仕四进五　车2进6

8. 炮二进一　卒1进1

9. 兵七进一　车2退2

10. 炮八平九　车2平4

11. 炮二平三　车8进9

12. 马三退二　卒7进1（图185）

13. 炮三进二　马7进8

14. 马二进三　炮5平9

15. 车八进三　马8进9

16. 兵五进一！马9进7

17. 炮三退三　炮9平5？

18. 炮三进七　士6进5

19. 车八平二　　炮5进3
20. 车二进三　　车4平6
21. 车二平五　　车6进1
22. 炮九进三　　车6平7
23. 马七进五！炮5进2
24. 相七进五　　车7退5
25. 炮九平五　　炮4平5
26. 车五平四　　车7平6
27. 车四平一　　车6进6
28. 车一进三　　车6退6
29. 车一退六　　马1进2
30. 兵七进一　　马2进3
31. 兵七进一　　马3进5
32. 炮五退三　　炮5进5

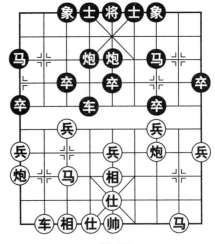

图185

33. 仕五进六　　车6进3
34. 车一退一　　炮5平6
35. 兵七平六！士5退6
36. 仕六退五　　炮6退1
37. 马五进七　　炮6平2
38. 车一平八　　车6平8
39. 马七进五　　炮2平5
40. 仕五进四　　士6进5
41. 车八进一　　车8进3
42. 车八平六　　象3进5
43. 马五退七　　炮5平6
44. 车六平五　　象5退7
45. 兵六进一　　将5平6
46. 兵六进一　　车8进3
47. 帅五进一　　炮6退4
48. 兵六平五　　士4进5
49. 车五进五　　炮6平5
50. 马七进六　　车8退7
51. 马六进七　　炮5平2
52. 车五进一　　将6进1
53. 马七退五　　车8进6
54. 帅五进一　　车8平4
55. 马五进六（图186）

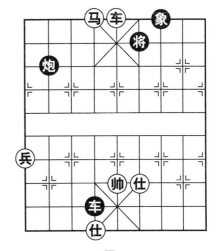

图186

第 94 局 王跃飞胜谢业枧

1. 相三进五	炮8平5		2. 马二进三	马8进7
3. 马八进七	马2进3		4. 炮八平九	车1平2
5. 车九平八	炮2进4		6. 兵七进一	车9平8
7. 车一平二	车8进6		8. 炮二平一	车8平7
9. 车二进二	卒5进1			
10. 炮一退二	马7进5 (图187)			

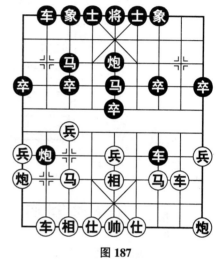

图 187

11. 炮一平三	车7平6			
12. 仕六进五	象7进9			
13. 马三进二	车6退3			
14. 马七进六	卒3进1			
15. 车二平四	车6进4			
16. 炮九平四	卒5进1			
17. 马六进五	马3进5			
18. 炮三进三	炮2退1			
19. 兵五进一	卒3进1			
20. 马二进三!	炮5平2			
21. 车八平九	马5进7			
22. 兵五进一	卒3平4		23. 马三进一	后炮平8
24. 车九平八	马7进8		25. 相五退三	卒4进1
26. 相七进五	马8进7		27. 炮四退一	炮2进3
28. 炮三进六	将5进1		29. 相五进三	炮8平7
30. 仕五进四	象3进5		31. 炮三退一	车2进4
32. 兵五平六	将5退1		33. 马一进二	炮7进2
34. 炮三进一	士6进5		35. 马二退一	士5进6
36. 相三退一	士4进5?		37. 炮三退八	炮2平7
38. 车八进五	后炮平2		39. 马一进三	将5平4
40. 马三退五	炮2进1		41. 炮四平九	炮2平5
42. 马五退四	炮7退4		43. 马四退三	炮5进1
44. 兵九进一	炮5平9		45. 炮九进五	卒4平5
46. 马三进五	炮7退4		47. 仕四退五	卒9进1
48. 马五进四	卒9进1		49. 炮九平六	将4进1

50. 炮六平七　炮 7 平 6 　　　　51. 马四退三　卒 5 平 4

52. 炮七退二！炮 9 平 5 　　　　53. 帅五平六　炮 5 退 1

54. 炮七平六　士 5 进 4 　　　　55. 兵九进一（图 188）

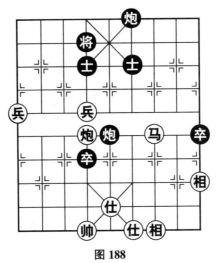

图 188

第 95 局　徐天利胜杨官璘

1. 相三进五　炮 8 平 5 　　　　2. 马二进三　马 8 进 7

3. 车一平二　车 9 平 8 　　　　4. 马八进七　车 8 进 6

5. 兵三进一　车 8 平 7

6. 车二平三　马 2 进 3

7. 兵七进一　车 7 平 8

8. 炮二平一　卒 5 进 1（图 189）

9. 兵三进一！卒 7 进 1

10. 马三进四　车 8 平 6

11. 马四进六　马 3 进 5

12. 炮八进一　车 6 进 2

13. 仕四进五　车 1 进 1

14. 炮八平六　炮 2 退 1

15. 炮一平四　车 6 平 8

16. 车九平八　炮 2 平 4

17. 炮六平七　炮 4 平 8

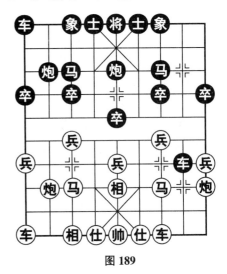

图 189

18. 炮四平三　炮8进6　　　　　19. 炮七平八　炮8退3
20. 炮八进五　炮5退1　　　　　21. 车三平四　车1进1
22. 车四进六　卒7进1　　　　　23. 车四平五！卒7进1？
24. 马六进八！车1平2　　　　　25. 炮三进五　车2退1
26. 马七进六　炮8进2　　　　　27. 车五退一　象3进5
28. 车五平四　车8进1　　　　　29. 车四退五　车8平6
30. 帅五平四　炮5平9　　　　　31. 车八进五　象5进3
32. 兵七进一　车2平6　　　　　33. 仕五进四　车6进6
34. 帅四平五　炮8平5　　　　　35. 仕六进五　车6平8
36. 帅五平六　车8进2　　　　　37. 帅六进一　炮5平9
38. 马八进七　后炮平4　　　　　39. 马六进七　炮9进2
40. 仕五退四　卒7进1　　　　　41. 后马进六　车8平6
42. 马六退四　将5进1
43. 马七退六　将5平6
44. 相五进三　卒7进1
45. 帅六进一　车6退2
46. 相七进五　车6退2
47. 相五退七　车6平4
48. 帅六平五　车4平7
49. 帅五平六　车7退3
50. 马四退五　车7进5
51. 相七进五　炮9退1
52. 马五进六！将6平5
53. 车八进三　将5进1
54. 后马退四　将5平6
55. 车八平四（图190）

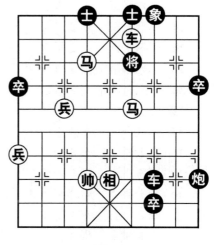

图 190

第96局　许银川胜林宏敏

1. 相三进五　炮8平5　　　　　2. 马八进七　马8进7
3. 马二进三　车9平8　　　　　4. 车一平二　马2进1
5. 兵三进一　炮2平4　　　　　6. 车九平八　车1平2
7. 仕四进五　车2进4　　　　　8. 炮八平九　车2进5
9. 马七退八　车8进4　　　　　10. 炮二平一　车8平2（图191）

11. 马八进七　炮5退1
12. 兵七进一　炮5平3
13. 马三进四　卒3进1
14. 车二进五　象3进5
15. 车二平六　车2退2
16. 兵七进一　炮4平3
17. 兵七进一　前炮进5
18. 兵七平八　后炮进8
19. 相五退七　车2进1
20. 车六进二　马1退2
21. 马四进六　炮3退3？
22. 马六进五！象7进5
23. 车六平五　士6进5
24. 车五平三　车2进4
26. 车三平四　车2平3
28. 车四平五　士4进5
30. 仕六进五　炮3进5
32. 帅五进一　将5平4
34. 帅五退一　车4进1
36. 车七进一　车4退1
38. 炮五进六　炮3退6
40. 车七平六　将4平5
41. 车六平九　车1退1
42. 兵五进一　炮3进2
43. 车九平五　将5平4
44. 车五平六　将4平5
45. 车六退三　炮3退4
46. 帅五平六　炮3平7
47. 兵五进一　车1平9
48. 炮五进一　车9平2
49. 兵五进一　车2退3
50. 车六平五　炮7平4
51. 炮五进一！将5平6
52. 帅六平五　炮4退1

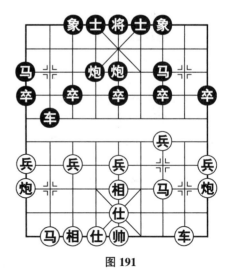
图 191

25. 炮一平五　士5进6
27. 仕五进六　车3平4
29. 车五退一　车4平3
31. 仕五进六　车3平4
33. 车五平七　车4进1
35. 帅五进一　马2进1
37. 帅五退一　车4退1
39. 炮五退二　车4平1

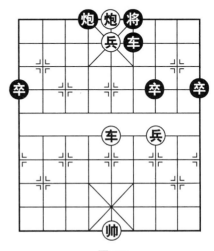
图 192

53. 炮五进一　车2退2　　54. 兵五进一　车2平6

55. 兵五进一（图192）

第97局　李日纯负徐永嘉

1. 相三进五　炮8平5　　2. 马二进三　马8进7

3. 马八进七　车9平8　　4. 车一平二　车8进6

5. 兵七进一　卒5进1　　6. 车九进一　车8平7

7. 车二平三　马2进3

8. 炮八进一　车7退2（图193）

9. 仕四进五　车1进1

10. 马三进四　卒5进1

11. 马四进三？车7进5

12. 相五退三　卒5进1！

13. 马七进六　马7进5

14. 马六进五　马3进5

15. 炮二平三　炮5平7

16. 炮八进三　马5进7

17. 车九平六　象7进5

18. 炮三进二　车1平8

19. 仕五退四　车8平6

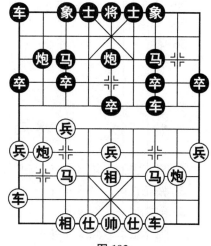

图193

20. 车六进五　车6进4　　21. 相三进五　卒5进1

22. 相七进五　车6平5　　23. 帅五进一　车5进1

24. 车六退一　车5平2　　25. 炮八退二　士6进5

26. 车六平四　卒3进1　　27. 车四进一　卒1进1

28. 车四平六　车2平1　　29. 车六退二　卒3进1

30. 车六平七　车1平2　　31. 车七平四　马7退5

32. 马三退五　马5进3　　33. 炮八平七　车2平5

34. 马五退四　车5平3　　35. 炮三退三　卒1进1

36. 车四进一　卒1平2　　37. 车四平七　车3平6

38. 炮七退三　炮2平5　　39. 车七进一　车6平9

40. 炮三进三　炮7进2　　41. 炮三平五　炮7平5

42. 车七退一　炮5退1　　43. 车七进一　炮5进1

44. 车七平五　炮1进6　　45. 帅五退一　炮1进1

46. 帅五进一　炮1退1

47. 帅五退一　炮1进1

48. 帅五进一　炮1退1

49. 帅五退一　炮5进3!

50. 车五平二　炮5平6

51. 仕六进五　车9平5

52. 炮五进二　卒9进1

53. 帅五平六　炮6退7

54. 炮七进一　卒2进1

55. 炮七平三　车5平7

56. 炮三平四　车7平3!（图194）

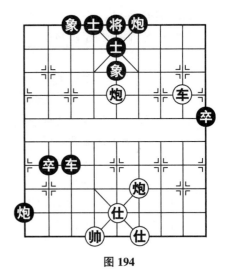

图 194

第 98 局　赵国荣胜申鹏

1. 相三进五　炮8平5

2. 马八进七　马8进7

3. 兵三进一　卒3进1

4. 马二进三　马2进3

5. 车九进一　车9平8

6. 车一平二　车8进4

7. 炮八进二　炮2平1

8. 马三进二　车8平4

9. 马二进三　车1平2

10. 炮八平四　车2进7（图195）

11. 炮四进三　马3进2

12. 炮四平九　象3进1

13. 马三进五　象7进5

14. 炮二平一　车4平8

15. 车二进五　马7进8

16. 马七退五　车2退2

17. 马五进三　马8进6

18. 马三进二　车2平4

19. 车九平四　马2进3

20. 炮一进四　象5退7

21. 炮一退二!　马6进4

22. 马二进三　车4退3

23. 兵三进一　马3退4

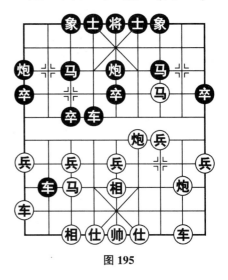

图 195

24. 兵五进一　后马退5　　25. 炮一平三　马5进7
26. 兵三进一　象7进9　　27. 仕四进五　车4平8
28. 车四进二　马4进3　　29. 帅五平四　士4进5
30. 兵三平四　车8进2　　31. 兵四平五　象9退7
32. 炮三退二　车8平4　　33. 兵一进一　卒1进1
34. 车四平五　马3退4　　35. 相七进九　马4退2
36. 车五平三　象7进9　　37. 炮三平一　象9退7
38. 炮一平三　象7退9　　39. 炮三平一　象9进7
40. 炮一平四　马2进4　　41. 后兵进一!　车4进1
42. 车三平五　马4进3　　43. 兵一进一　象1退3

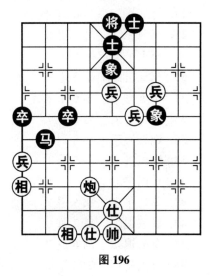

图 196

44. 兵一进一　象3进5
45. 兵一平二　车4进1
46. 车五平六　马3退4
47. 后兵平四　马4退6
48. 相五退七　马6退4
49. 兵四平五　马4进5
50. 相七进五　马5进7
51. 帅四平五　马7退6
52. 相五退七　马6进4
53. 后兵平四　马4退2
54. 炮四平八　马2进4
55. 炮八平六　马4退2
56. 兵二平三（图196）

第99局　徐天利胜马迎选

1. 相三进五　炮8平5　　2. 马二进三　马8进7
3. 马八进七　车9平8　　4. 车一平二　马2进1
5. 兵三进一　车8进6　　6. 兵七进一　车1进1
7. 炮二平一　车8平7　　8. 马七进六　车1平6（图197）
9. 马六进七　炮5进4　　10. 马三进五　车7平5
11. 马七进九　象3进1　　12. 车二进六　车6进3
13. 车二平三　象7进5　　14. 炮八平六　士6进5
15. 车九平八　炮2平4　　16. 仕六进五　车5平9

17. 炮一平三　车9平7

18. 车八进六　卒1进1

19. 车八平六　炮4平2

20. 炮六平八　象1退3

21. 车六平七　炮2平4

22. 炮八平七　车7平3

23. 炮七平六　车3平7

24. 炮三平二　车7平8

25. 炮二平三　车8平7

26. 兵七进一！马7退6

27. 炮三平二　马6进8

28. 车三平二　马8退6

29. 车七平五　车6平3

30. 车二进三　车3平6

32. 车五平七　车6平8

34. 炮二平五　后车进1

36. 炮五平三　车8退1

38. 炮六进二　车5退1

40. 兵四平五　车6平5

42. 车一平三　象5退7

44. 炮三退二　象7进5

45. 车七退六　马6进7

46. 车七平四　炮4平2

47. 炮六平五　炮2进7

48. 相七进九　车5平3

49. 炮三平七　炮2退5

50. 车四平三！马7退6

51. 兵四进一　炮2退2

52. 车三进三　车3进1

53. 炮五退二　车3平5？

54. 炮五进四　士5进6

55. 炮七进五　将5进1

56. 兵四平五！（图198）

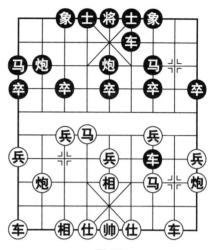

图197

31. 炮二进四　车6退2

33. 车二平一　车7平8

35. 兵三进一　前车平5

37. 兵三平四　车8平7

39. 炮六进一　车5平6

41. 兵五平四　车7退2？

43. 车七进三！车5退2

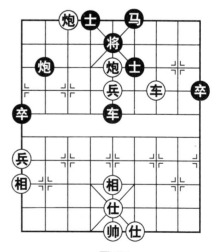

图198

第100局 苗永鹏胜邱东

1. 相三进五 炮8平5	2. 马八进七 马8进7
3. 马二进三 车9平8	4. 车一平二 马2进1
5. 兵三进一 炮2平4	6. 车九平八 车1平2
7. 仕四进五 车2进4	8. 炮八平九 车2平4
9. 兵九进一 卒7进1	10. 车八进四 炮5退1？（图199）
11. 兵三进一 车4平7	
12. 马三进二 炮5平8	
13. 车二平三 车7进5	
14. 相五退三 象7进5	
15. 马二进一！炮8平7	
16. 马一进三 炮4平7	
17. 炮二平五 车8进9	
18. 炮五进四 后炮平5	
19. 炮九进四 车8平7	
20. 仕五退四 车7退2	
21. 马七进九 车7退1	
22. 车八平五 卒3进1	

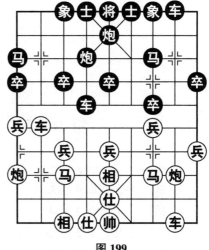

图199

23. 兵七进一 炮5进2	
24. 车五进二 炮7退1	25. 兵七进一 炮7平5
26. 车五平六 车7平5	27. 仕六进五 车5平3
28. 相七进九 炮5平7	29. 帅五平六 炮7进8
30. 帅六进一 炮7退1	31. 仕五进四 士6进5
32. 马九进七 炮7退8	33. 兵七进一 车3平9
34. 车六平三 炮7平6	35. 兵九进一 车9退2
36. 炮九平八 车9平3	37. 炮八进一 炮6进2
38. 兵七平八 象5进7	39. 兵九进一 马1退2
40. 兵八平七 车3平2	41. 兵九平八 车2平3
42. 帅六平五 炮6平5	43. 炮八进一 象7退9
44. 车三进一 象9进7	45. 帅五退一 车3平5
46. 帅五平六 车5平4	47. 帅六平五 车4平3
48. 车三退一 象7退9	49. 车三平一 象9退7

50. 车一进三　车3平7
51. 兵八进一　炮5平8
52. 车一平二　车7退2
53. 兵七进一　炮8平9
54. 马七进六　象3进5
55. 帅五平六　士5进4
56. 炮八平一！士4进5
57. 炮一进一（图200）

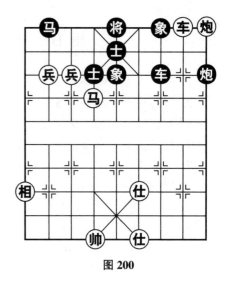

图 200

第101局　柳大华胜蔡福如

1. 相三进五　炮8平5
2. 马二进三　马8进7
3. 马八进七　车9平8
4. 车一平二　马2进1
5. 兵三进一　炮2平4
6. 车九平八　车1平2
7. 仕四进五　车2进4
8. 炮八平九　车2平4
9. 车八进四　车8进6
10. 兵九进一　车8平7
11. 马三退四　车4平8
12. 车二平三　车7平6（图201）
13. 炮二平三　炮5进4？
14. 马七进五　车6平5
15. 兵九进一！马1退3
16. 炮三进四　象7进9
17. 车八进三　车8平4
18. 车八平七　马3进5
19. 炮三平七　马7退5
20. 炮七进三　后马退3
21. 车七进二　卒1进1
22. 马四进三　车5退1
23. 车七退五　卒5进1

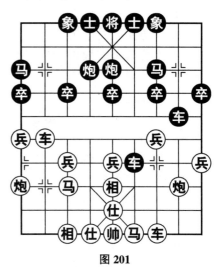

图 201

112

24. 车三平四 车5平3	25. 兵七进一 卒5进1
26. 车四进六 车4平5	27. 炮九平八 炮4平2
28. 车四平一 象9退7	29. 炮八进四 卒1进1
30. 炮八平九 炮2平1	31. 车一平八 马5进6
32. 车八平四 士4进5?	33. 车四平七 马6进7
34. 车七进三 士5退4	35. 炮九平三! 马7进9
36. 马三进二 马9进8	37. 车七退二 炮1退1
38. 车七进一 炮1进1	39. 车七退一 炮1退1
40. 车七进一 炮1进1	41. 车七退三 车5退1
42. 车七进二 炮1退1	43. 兵三进一 卒5进1
44. 相五退三 象7进5	45. 马二进四! 象5进7
46. 炮三进三 士6进5	
47. 车七平二 炮1平3	
48. 相七进九 车5平6	
49. 马四退五 士5进4	
50. 车二退七 炮3平5	
51. 车二进九 炮5进1	
52. 炮三平六 将5进1	
53. 相三进五 炮5进5	
54. 仕五进四 车6进4	
55. 车二退三 车6退1	
56. 马五进六 炮5退5	
57. 车二平四 (图202)	

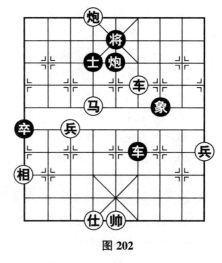

图 202

第 102 局　李来群胜徐俊杰

1. 相三进五 炮8平5	2. 马二进三 马8进7
3. 马八进七 车9平8	4. 车一平二 卒3进1
5. 兵三进一 车8进6	6. 马三进四 车8平6
7. 马四进三 马2进3	8. 炮二平三 车6平7 (图203)
9. 车二进二 炮5平6	10. 仕六进五 象3进5
11. 车九进一 炮6进4	12. 马三退二 炮6平3
13. 兵三进一 车7退2	14. 炮三进五 车7退2
15. 马二进四 车7退1	16. 车九平六 炮2进2

17. 马四进二　车7进2
18. 车六进二　炮2退1
19. 车六进三　炮2平3
20. 兵五进一　车1平2
21. 炮八平九　士4进5
22. 兵五进一！车2平4
23. 兵五平六　车4进3
24. 兵六进一　后炮平2
25. 马二退三　车7进1
26. 车二进一　卒3进1
27. 相五进七　炮3进3？
28. 兵六平七　炮2进5
29. 车二平八！炮2平3
30. 兵七进一　前炮退2
32. 炮九进四　后炮平1
34. 炮九平五　炮3退7
36. 炮五退三　卒9进1
38. 炮三平五　车6平7
40. 马三进二　车6退3
42. 车三平五　炮4进2
44. 炮五进四　将5平4
46. 仕五进六　炮9平5
47. 仕四进五　车6平7
48. 帅五平四　车7退6
49. 炮五退三　车7进4
50. 炮五平六　炮4平5
51. 车八平六　将4平5
52. 炮六平五　车7平6
53. 帅四平五　后炮进1？
54. 车六进一　后炮退1
55. 马二进三　车6退5
56. 马三退一　车6平8
57. 帅五平六　车8进1
58. 仕五退四！（图204）

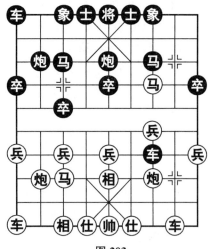

图 203

31. 相七退五　前炮退6
33. 车八进三　炮1进4
35. 车八平六　炮3平4
37. 炮五平三　车7平6
39. 炮五平三　车7平6
41. 车六平三　象7进9
43. 炮三平五　炮1平9
45. 车五平八　车6进7

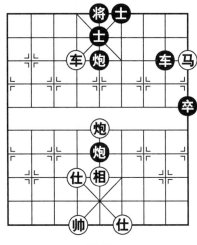

图 204

第 103 局　赵庆阁负胡荣华

1. 相三进五　炮 8 平 5

2. 马二进三　马 8 进 7

3. 马八进七　马 2 进 1

4. 兵三进一　车 9 平 8

5. 车一平二　炮 2 平 4

6. 仕四进五　车 1 平 2

7. 车九平八　车 2 进 6

8. 炮二进一　卒 1 进 1

9. 兵七进一　车 2 退 2

10. 炮八平九　车 2 平 6

11. 马七进六　车 6 平 4

12. 马六退四　车 8 进 1

13. 兵七进一　车 4 平 3

14. 马四进二　车 8 平 6（图 205）

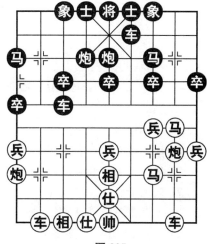

图 205

15. 马二进三　车 6 进 5

16. 炮二进二？炮 4 平 3

17. 前马进五　象 7 进 5

18. 炮二平九　车 3 平 2

19. 车八进五　马 1 进 2

20. 车二平四　车 6 平 7

21. 车四进四　马 2 进 3

22. 后炮平六　士 6 进 5

23. 炮九进一　马 3 进 2

24. 炮六平八　炮 3 进 7!

25. 相五退七　车 7 进 1

26. 炮八平四　车 7 进 2

27. 炮四退二　卒 3 进 1

28. 炮九平七　卒 3 进 1

29. 炮七进一　士 5 进 4

30. 车四平七　车 7 退 3

31. 兵三进一　马 2 退 1

32. 车七平二　车 7 退 2

33. 炮七退一　车 7 进 2

34. 兵一进一　车 7 平 5

35. 相七进九　马 1 退 2

36. 车二平三　马 7 进 6

37. 炮七平一　马 2 进 3

38. 相九进七　马 3 进 2

39. 车三退二　马 6 进 8

40. 车三平八　马 8 退 9

41. 车八退一　车 5 退 1

42. 兵一进一　马 9 进 7

43. 车八平七　车 5 平 8

44. 车七进二　卒 5 进 1

45. 相七退五　卒 5 进 1

46. 车七平三　车 8 进 2

47. 炮四进五　卒 5 平 6

48. 相五退三　马 7 退 6

49. 仕五退四　士 4 退 5

50. 仕六进五　马6进5
51. 车三平五　马5退3
52. 车五平六　车8平3
53. 炮四进一　马3进5
54. 车六进一　卒6进1
55. 车六进一　马5进7
56. 车六平三?　车3进2
57. 仕五退六　马7进6
58. 帅五进一　车3退1
59. 帅五进一　车3退5!（图206）

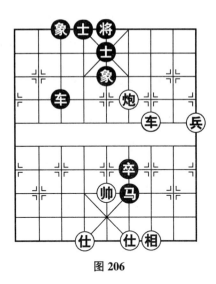

图 206

第 104 局　徐天利负杨官璘

1. 相三进五　炮8平5　　　　2. 马二进三　马8进7
3. 兵三进一　车9平8　　　　4. 车一平二　车8进6
5. 马八进七　车8平7　　　　6. 车二平三　马2进1
7. 兵七进一　车7平8　　　　8. 车三平二　炮2平4
9. 车九平八　车1平2　　　 10. 仕四进五　车2进4（图207）

11. 炮八平九　车2平6
12. 车八进四　卒7进1
13. 马七进六　车6平4
14. 兵七进一　车4平3
15. 兵三进一　车3平7
16. 炮九平七　车7平3
17. 马三进四　车8退1
18. 车二平四　炮5进4
19. 车八退一　炮5退1
20. 马四进五　马7进5
21. 马六进五　车3平5
22. 炮七进七　士4进5
23. 马五进七?　炮5平2

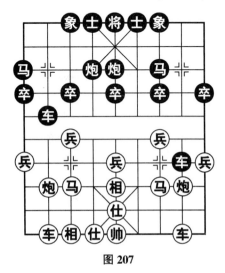

图 207

24. 炮二平三　炮4平5　　　25. 炮三进二　车5进1！

26. 炮七平九　马1退3　　　27. 炮三平八　车5平2

28. 车八进一　车8平2　　　29. 炮九平四　车2退3！

30. 马七进五　将5进1　　　31. 车四进六　将5退1

32. 炮四退一　车2进1　　　33. 车四平三　象7进9

34. 车三平一　卒3进1　　　35. 车一进一　车2平8！

36. 炮四退八　车8平3　　　37. 炮四进三　卒3进1

38. 炮四平五　炮5平1　　　39. 相五进七　车3进2

40. 相七进五　炮1进4　　　41. 帅五平四　车3平6

42. 帅四平五　炮1进3　　　43. 相五退七　车6平3

44. 帅五平四　车3进4　　　45. 帅四进一　车3退3

46. 车一平五　将5平4

47. 车五平六　将4平5

48. 车六平五　将5平4

49. 车五退一　卒1进1

50. 兵一进一　车3平4

51. 炮五退一　炮1退1

52. 帅四退一　车4平9

53. 仕五进四　车9进3

54. 帅四进一　车9平4

55. 兵一进一　马3进4

56. 兵一平二　马4进2

57. 车五退一　马2进3

58. 车五平九　车4退1

59. 炮五退一　马3退5（图208）

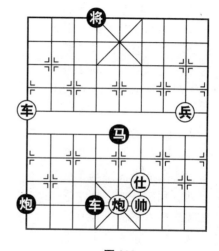

图 208

第 105 局　洪智胜庄玉庭

1. 相三进五　炮8平5　　　2. 马八进七　马8进7

3. 炮八平九　马2进1　　　4. 车九平八　车1平2

5. 马二进三　车9平8　　　6. 车一平二　卒7进1

7. 兵七进一　炮2进4　　　8. 炮二进六　炮5平3？（图209）

9. 马七进六　炮2退1　　　10. 炮二平九　车8进9

11. 马三退二　马1退3　　　12. 车八进三　马3进5

13. 后炮进四！　车2进3
14. 后炮退二　　车2平1
15. 车八进一　　车1退2
16. 车八进一　　象7进9
17. 马二进四　　车1进2
18. 车八进四　　炮3平1
19. 炮九平八　　炮1进4
20. 车八平七　　马7退5
21. 车七平八　　炮1平2
22. 炮八平九　　车1进2
23. 车八退六　　车1退1
24. 车八进四　　象9退7
25. 车八平六　　后马退3
26. 车六退一　　马3进2

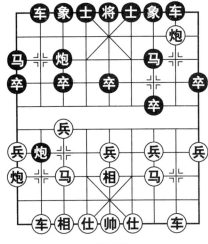

图 209

27. 车六平五　　车1平4
29. 仕四进五　　马1进2
31. 兵五进一　　车4平6
33. 车五平六　　士6进5
35. 车六退二　　马3退2
37. 马四进六　　车6平4
39. 车八进四！　象7进9
41. 马二进三　　马7进6

28. 马六退四　　马2进1
30. 后马进二　　卒9进1
32. 兵五进一　　车6进1
34. 车六退三　　马2进3
36. 车六平八　　马2退4
38. 兵五进一　　马5进7
40. 兵三进一　　卒7进1
42. 车八平四　　象9进7
43. 仕五进六　　士5退6
44. 仕六进五　　士4进5
45. 兵五平四　　象7退9
46. 车四平一　　车4退3
47. 车一平四　　马6进4
48. 兵一进一　　象9退7
49. 兵一进一　　象7进5
50. 兵四平五　　象5退7
51. 兵一平二　　象7进9
52. 车四平八　　马4退6
53. 车八平四　　马6退4
54. 车四平五　　马4进2

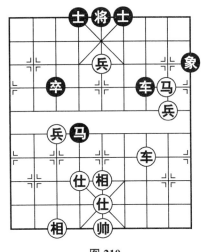

图 210

· 118 ·

55. 兵五进一　车 4 进 1　　56. 车五平八　马 2 进 3

57. 马三进二　车 4 平 7　　58. 车八进四　士 5 退 4

59. 车八退六　马 3 退 4　　60. 车八平三！（图 210）

第二章　先手鸳鸯炮

第106局　刘同喜负柳大华

1. 相三进五　炮8平5
2. 马八进七　马8进7
3. 炮八退一　炮2进2
4. 兵一进一　马2进3
5. 兵七进一　卒9进1（图211）
6. 炮二平一　车9平8
7. 炮一进三　车1进1
8. 马二进一　车1平4
9. 炮八平三　炮2平7
10. 炮三平四　车8进8
11. 炮四进一　炮7平8
12. 仕四进五　炮8进3
13. 车九进一　卒5进1
14. 车一平四　士4进5
15. 炮四平三　车4进2
16. 兵三进一　卒5进1
17. 兵五进一　炮8平5!
18. 相七进五　炮5进5
19. 仕五进六　车8退1
20. 车四进二？炮5平3（图212）

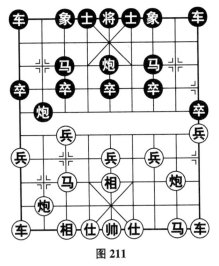

图211

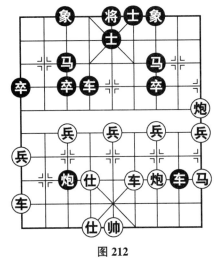

图212

第 107 局　徐天红负于红木

1. 相三进五　炮 8 平 5
2. 马八进七　马 8 进 7
3. 兵七进一　车 9 平 8
4. 车一进二　炮 2 进 2
5. 兵一进一　炮 2 平 6
6. 马二进三　卒 7 进 1
7. 车九进一　马 2 进 3
8. 马七进八　炮 5 平 6 （图 213）
9. 车九平六　象 3 进 5
10. 炮二退二　前炮平 2
11. 炮八平七　士 4 进 5
12. 炮二平三　马 7 进 6
13. 兵三进一　卒 7 进 1
14. 相五进三　车 1 平 2
15. 仕四进五　炮 6 平 7
16. 车六进二　马 6 进 8!
17. 车一平二? 炮 7 进 5
18. 兵七进一　卒 3 进 1!
19. 炮七进五　卒 3 进 1
20. 马八退九　车 2 平 3
21. 炮七平九　炮 2 平 8! （图 214）

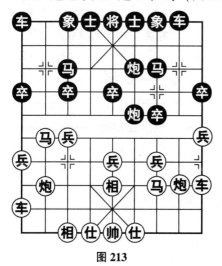

图 213

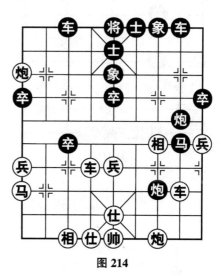

图 214

第 108 局　季本涵负刘剑青

1. 相三进五　炮 8 平 5
2. 马八进七　马 8 进 7
3. 炮八退一　马 2 进 3
4. 兵三进一　卒 3 进 1
5. 马二进三　马 3 进 4
6. 炮八平二　炮 2 平 3
7. 仕四进五　车 1 平 2
8. 车一平四　马 4 进 3 （图 215）

9. 马三进四　炮 5 平 4	10. 后炮平三　象 7 进 5
11. 兵三进一　卒 7 进 1	12. 炮三进六　炮 4 平 7
13. 马四进五　车 9 平 8	14. 马五进三　炮 3 平 7
15. 炮二平四　炮 7 平 9	16. 车九平八　车 2 进 9
17. 马七退八　炮 9 进 4	18. 马八进九？马 3 进 4！
19. 兵五进一　车 8 进 5	20. 炮四退一　马 4 退 2
21. 兵五进一　卒 3 进 1	22. 炮四进五　马 2 退 4
23. 车四平一　炮 9 退 2	24. 兵五进一　卒 7 进 1
25. 车一进三　马 4 退 6！（图 216）	

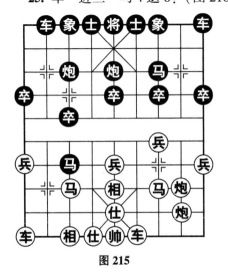

图 215

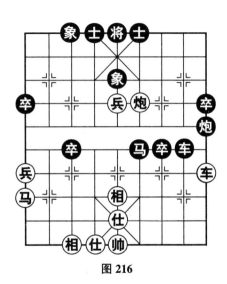

图 216

第 109 局　　胡荣华胜朱永康

1. 相三进五　炮 8 平 5	2. 马二进三　马 8 进 7
3. 兵三进一　马 2 进 1	4. 马八进七　车 9 平 8
5. 炮二进二　车 8 进 4	6. 炮八退一　炮 5 平 4
7. 炮八平二　车 8 平 2	8. 马三进四　象 3 进 5（图 217）
9. 车一平二　车 1 平 2	10. 车九进一　士 4 进 5
11. 马四进三　炮 2 平 3	12. 后炮平三　炮 3 进 4
13. 马三退四　马 7 进 8	14. 马四进三　马 8 退 7
15. 马七退五　前车平 4？	16. 马三退四！车 4 退 1
17. 兵三进一　车 2 进 4	18. 马五进七　马 7 退 9

19. 炮二平三！　象 7 进 9 　　20. 车二进八　炮 4 退 1
21. 车二退二　炮 4 平 3 　　22. 仕六进五　卒 9 进 1
23. 马四进三　卒 5 进 1 　　24. 兵三平二　车 4 平 6
25. 车二平一　前炮平 2 　　26. 车一进一　炮 3 进 6
27. 车一平五　炮 2 进 3 　　28. 仕五退六　车 2 平 4
29. 仕四进五　车 6 进 5 　　30. 马三进二！（图 218）

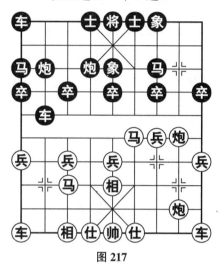

图 217

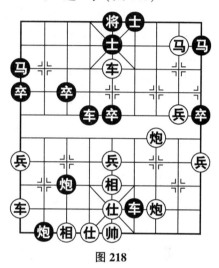

图 218

第 110 局　汪士龙负蒋志梁

1. 相三进五　炮 8 平 5
2. 马八进七　马 8 进 7
3. 兵三进一　车 9 平 8
4. 车一进二　马 2 进 1
5. 炮八退一　车 8 进 6
6. 炮八平二　车 8 平 6（图 219）
7. 前炮平四　车 1 平 2
8. 炮二平四　炮 5 进 4
9. 仕四进五　车 6 平 8
10. 马七进五　车 8 平 5
11. 马二进三　车 5 平 3
12. 车九进二　卒 5 进 1

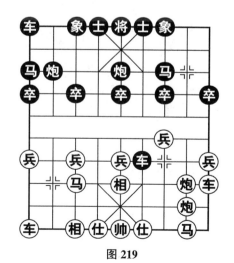

图 219

123

13. 马三进四　卒5进1

14. 马四进三　马7进5

15. 前炮进三　士4进5

16. 车九平六　马5进4

17. 前炮平五　象3进5

18. 车一平四　炮2平4

19. 车六进二?　卒5平4

20. 炮四进八　车2进4

21. 炮四退四　车2进2

22. 车四进二　车3平8

23. 兵三进一　车8进3

24. 仕五退四　炮4进7!

25. 炮五进三　炮4平6

26. 炮四退五　将5进1

27. 车四进四　将5退1

28. 马三进五　车2平4

29. 车四进一　将5进1

30. 马五退六　马1退3!

31. 马六进七　将5平4

32. 相五退三　车8平7

33. 车四平五　卒4平5

34. 马七退五　象7进5

35. 车五退二?　车4平5!（图220）

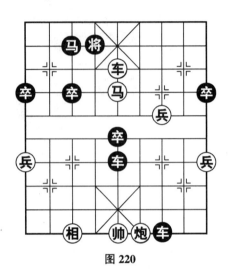

图 220

第 111 局　付光明负蔡福如

1. 相三进五　炮8平5

2. 马八进七　马8进7

3. 兵三进一　马2进1

4. 马二进三　车9平8

5. 炮二进二　车1进1

6. 炮八退一　车8进4

7. 炮八平二　车8平6

8. 马三进四　卒1进1（图221）

9. 兵七进一　马1进2

10. 仕四进五　卒9进1

11. 车九进一　马7进9

12. 车九平六　卒9进1

13. 后炮平四　车6平8

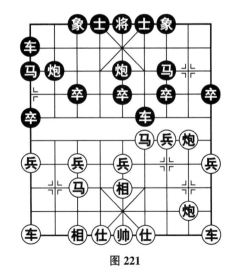

图 221

14. 炮二退四　卒 3 进 1
15. 兵七进一　车 8 平 3
16. 炮四进一　马 9 进 8
17. 炮二平四　炮 5 平 3
18. 车六进四　车 3 平 4
19. 马四进六　炮 3 进 2
20. 后炮进一　车 1 平 4
21. 马六进四　炮 2 平 3！
22. 马七退九　马 2 进 3
23. 车一平三　马 3 退 4
24. 兵一进一　前炮退 1
25. 车三平二　马 8 进 7
26. 车二进二　马 7 退 6
27. 后炮进三　马 4 进 6
28. 车二进五　后炮平 5
29. 车二平四？炮 3 退 1！
30. 车四平五　象 7 进 5
31. 马九进八　马 6 退 4
32. 马四退五　卒 5 进 1
33. 马五退三　炮 3 进 4
34. 兵五进一　马 4 进 5
35. 马三退四　卒 5 进 1
36. 马八进九　马 5 进 7（图 222）

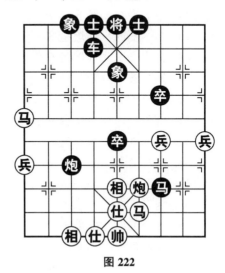

图 222

第 112 局　胡荣华胜于红木

1. 相三进五　炮 8 平 5
2. 马八进七　马 8 进 7
3. 兵七进一　车 9 平 8
4. 车一进二　炮 2 进 2
5. 兵一进一　炮 2 平 6
6. 马二进三　卒 7 进 1
7. 车九进一　马 2 进 3
8. 马七进八　炮 5 平 6（图 223）
9. 炮二退一　象 3 进 5
10. 炮二平四　前炮平 1
11. 车九平六　卒 3 进 1
12. 兵七进一　象 5 进 3
13. 车一退一　象 3 退 5

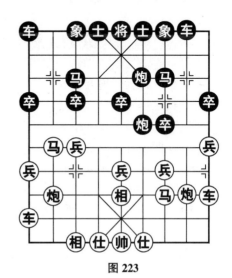

图 223

14. 车六进五　士4进5
15. 炮四平七　炮1平6
16. 车六平七　前炮退1
17. 车七退三　车1进2
18. 兵一进一　车8进3
19. 兵五进一　卒9进1
20. 车一平六　前炮进2?
21. 马八进七　车1平2
22. 炮八进一!　车8进4
23. 炮七平八　车2进4
24. 车七平八　车8平7
25. 马七进九　后炮退1
26. 车六平四!　前炮退3
27. 炮八进一　马7进6
28. 炮八平三　前炮进6
29. 兵三进一　象7进9
30. 兵三进一　象9进7
31. 炮三平二　象7退9
32. 炮二进五　象5进3
33. 车八平七　象3退1
34. 车七进四　前炮退2
35. 炮二平九　后炮进1
36. 车七退二　前炮平5
37. 仕六进五　马6进7
38. 炮九平一　士5进4
39. 车七进四　将5进1
40. 车七退一　将5退1
41. 车七平三 (图224)

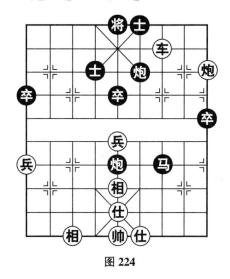

图 224

第 113 局　胡荣华负杨官璘

1. 相三进五　炮8平5
2. 马八进七　马2进1
3. 兵三进一　马8进7
4. 炮八退一　炮2进2
5. 兵七进一　车9平8
6. 马二进四　车1进1
7. 仕四进五　卒5进1
8. 兵九进一　车1平4 (图225)
9. 车九进三　车4进7
10. 炮八进三　炮2退3
11. 车一平二　车8进6
12. 炮二平四　车8平9
13. 车二进六　炮2平3
14. 马四进二　卒3进1!
15. 炮八进三　马7退5
16. 炮八退四　车9退2
17. 车二平三?　卒3进1
18. 炮八进三　马5进3
19. 炮四退一　车4退4
20. 马二进四　象7进9

21. 车三平四　士4进5

22. 车九平八　卒3进1

23. 炮八进三　马1退2

24. 车八进六　车4退4！

25. 马七退九　炮5进4

26. 马四退二　卒5进1

27. 帅五平四　马3进4

28. 车四退三　炮3进1

29. 相七进九　马4进6！

30. 车八退三　炮3平6

31. 车八平四　车9平8

32. 后车退一　马6退5

33. 后车平三　车8退1

34. 车四退一　马5退7

35. 车四退三　炮6进6

36. 车四退一　车8进3

37. 马九退七　马7进5

38. 相五进七　炮5平6

39. 帅四平五　炮6退4

40. 车四进五　马5进6

41. 车三平八　卒3平2

42. 车八平四　车4进5

43. 马七进六　卒9进1

44. 马二退四　车4进1

45. 后车平一　炮6平5

46. 车四退一　卒5平4

47. 帅五平四　车8平9（图226）

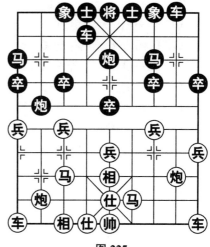

图 225

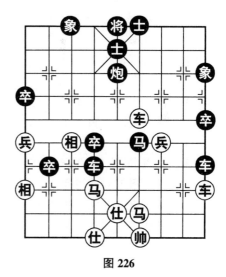

图 226

第 114 局　胡荣华胜孟昭忠

1. 相三进五　炮8平5　　　2. 马八进七　马8进7

3. 兵七进一　车9平8　　　4. 车一进二　炮2平4

5. 车九平八　马2进1　　　6. 炮八平九　车8进4

7. 马二进四　卒1进1　　　8. 炮二退二　车8平6（图227）

9. 马四进二　车1进1

10. 车一退一　车1平6

11. 仕四进五　炮4进6

12. 车一进一　后车平4

13. 马二退三　车6平2

14. 车八进五　马1进2

15. 车一平四　车4进3

16. 车四进五　车4平8

17. 炮二进二　炮4退6

18. 车四退三　士6进5

19. 炮二平三　炮4进4

20. 炮三进四　炮4平3

21. 马三进四　炮5平6

22. 炮九进三　马2进1

24. 马九退八　炮3进2

26. 车四进二　炮6平4

28. 炮三平五　马7进5

30. 车五平六　炮4平7

32. 马三进四　将5平6

34. 前马退三　将6进1

36. 马六退四　炮3退2

37. 马三退五　将6平5

38. 马五进七　将5退1

39. 马四进二　象7进5

40. 马二退三　炮7平8

41. 马三进一　炮8退2

42. 兵一进一　炮3平2

43. 马一进二　炮2退3

44. 马二退一　炮8退4

45. 兵一进一　士4进5

46. 兵五进一　士5进4

47. 马一退二　炮2退1

48. 兵五进一　（图228）

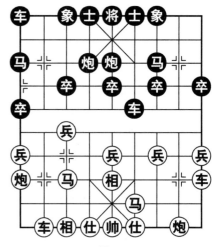

图 227

23. 马七进九　车8平1

25. 马四进三　车1平7

27. 马八进七　炮4进1

29. 车四平五　炮4进3?

31. 马七进五!　车7退1

33. 马四进五!　车7平4

35. 马五进六　卒9进1

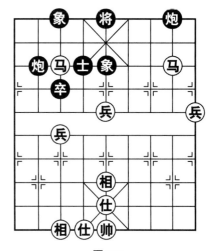

图 228

第 115 局　柳大华负李来群

1. 相三进五　炮8平5
2. 马二进三　马8进7
3. 马八进七　马2进1
4. 兵三进一　车9平8
5. 炮二进二　车8进4
6. 炮八退一　车1进1
7. 炮八平三　车8平6
8. 马三进四　卒1进1（图229）
9. 兵七进一　马1进2
10. 仕四进五　炮5平4
11. 车九进一　炮4进1
12. 车九平六　炮2平4
13. 车六平八　象7进5
14. 炮三平四　车6平8
15. 车一平二　车1平8
16. 炮二进四　车8进5
17. 炮四退一　车8退8
18. 车八进四　士6进5
19. 车八平九　车8进4

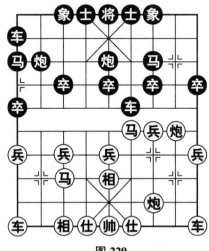

图 229

20. 仕五进四　车8进1
21. 兵一进一　车8平9
22. 仕六进五　车9退1
23. 兵九进一？车9进1
24. 车九平八　车9平7
25. 兵九进一　卒7进1
26. 兵三进一　车7退2
27. 马七进八　卒5进1!
28. 炮四平三　前炮平8
29. 炮三进七　炮4平7
30. 马四进五　炮8平6
31. 车八平六　车7平8
32. 相五退三　车8平7
33. 相七进五　炮7平8!
34. 车六退一　炮8进1
35. 马五进七　炮8进6
36. 仕五退四　炮6进6
37. 车六平二　炮8平9
38. 车二平一　卒9进1
39. 车一退三　车7平8
40. 马七进九　卒5进1
41. 马八进七　卒5进1!
42. 相五进三　炮9平8
43. 马九退八　将5平6
44. 马八进七　卒5平6
45. 仕四退五　炮6退1
46. 相三进一　炮6平8
47. 帅五平四　前炮平7
48. 后马退六　炮8进1
49. 帅四进一　炮7平3（图230）

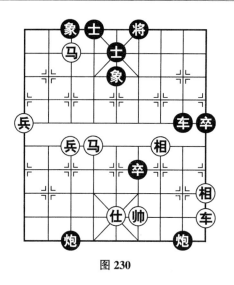

图 230

第 116 局　胡荣华胜杨官璘

1. 相三进五　炮 8 平 5
2. 马二进三　马 8 进 7
3. 兵三进一　马 2 进 1
4. 马八进七　车 9 平 8
5. 炮二进二　车 8 进 4
6. 炮八退一　炮 5 平 6
7. 炮八平二　车 8 平 6
8. 兵七进一　车 1 平 2（图 231）
9. 后炮平六　车 6 进 3
10. 炮六进一　车 6 进 1
11. 仕四进五　炮 2 进 5
12. 马七进六　炮 6 退 1
13. 车一平二　炮 2 退 2
14. 车九平八　卒 7 进 1？
15. 兵三进一！炮 2 平 4
16. 车八进九　马 1 退 2
17. 炮二平三　车 6 退 6
18. 兵三进一　炮 6 平 7
19. 兵三进一　车 6 平 7
20. 炮三进四　车 7 退 1
21. 马三进四　象 7 进 5
22. 车二进六　炮 4 退 4
23. 车二平五　炮 4 平 5

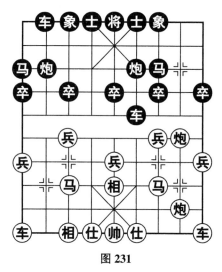

图 231

24. 车五平四 炮5进5　　　25. 帅五平四 士4进5
26. 炮六进四！车7进5　　　27. 马四进六 炮5平9
28. 炮六平五 将5平4　　　29. 炮五平一 马2进1
30. 炮一进三 车7退6　　　31. 车四平六 将4平5
32. 马六进四 士5进6　　　33. 马四进六 将5进1
34. 车六平一 炮9平7　　　35. 车一平二 将5平4
36. 炮一退五！车7进4　　　37. 炮一平六 车7平4
38. 炮六退二 炮7退6
39. 帅四平五 卒1进1
40. 兵七进一！卒3进1
41. 马六退八 车4平7
42. 车二平四 车7退2
43. 炮六进二 卒3进1
44. 马八退七 马1进2
45. 车四平六 将4平5
46. 炮六平五 将5平6
47. 车六退一 马2退3
48. 车六平二 车7退1
49. 马七进六 马3进5
50. 车二进一（图232）

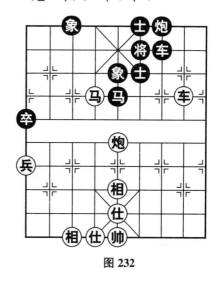

图232

第117局　李望祥胜李鸿嘉

1. 相三进五 炮8平5　　　2. 马二进三 马8进7
3. 兵三进一 马2进1　　　4. 马八进七 车9平8
5. 炮二进二 炮2平4　　　6. 炮八退一 车8进1
7. 炮八平二 车8平6　　　8. 马三进四 车1平2（图233）
9. 车九进一 车2进7　　　10. 车九平六 士6进5
11. 后炮进一 卒1进1　　　12. 车六进二 车2退3
13. 仕四进五 马1退3　　　14. 车一平四 炮4进1
15. 车六进二 车6进3　　　16. 车六平八 车6平2
17. 兵七进一 炮5平4　　　18. 后炮平三 车2平8?
19. 炮二退四 车8进3　　　20. 兵三进一 马3进5
21. 炮二平三 马7退8　　　22. 兵三平四！象7进9

131

23. 前炮平四　　车 8 退 2

24. 炮四平一　　卒 7 进 1

25. 兵四平三　　象 9 进 7

26. 马四进五　　象 7 退 9

27. 车四进三　　车 8 退 2

28. 马五退六　　马 8 进 7

29. 兵五进一　　后炮进 3

30. 马七进六　　马 5 进 4

31. 马六退七　　车 8 平 5

32. 炮一平三　　马 7 退 6

33. 车四进二　　马 4 进 3

34. 兵五进一　　车 5 退 1

35. 前炮进四！　炮 4 进 5

36. 相五进三　　马 6 进 7

37. 马七进五　　车 5 平 4

38. 车四进一　　车 4 进 4

39. 前炮平七　　车 4 平 5

40. 炮三进七　　象 3 进 5

41. 兵五进一　　象 9 退 7

42. 车四进二　　马 3 进 2

43. 兵五进一　　士 5 进 6

44. 炮七平二　　象 7 进 9

45. 车四平六　　炮 4 退 2

46. 相三退五　　士 6 退 5

47. 炮三退六　　马 2 退 3

48. 炮二平七　　士 5 进 4

49. 炮七进三　　士 4 进 5

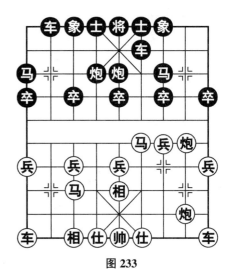

图 233

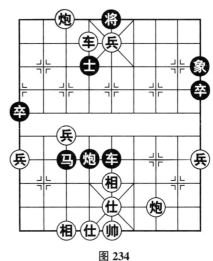

图 234

50. 兵五进一（图 234）

第 118 局　季本涵负胡荣华

1. 相三进五　　炮 8 平 5　　　　2. 马八进七　　马 8 进 7

3. 炮八退一　　炮 2 进 2　　　　4. 兵七进一　　车 9 平 8

5. 马二进四　　马 2 进 3　　　　6. 车一平二　　车 1 进 1

7. 兵三进一　　车 1 平 6　　　　8. 仕六进五　　卒 5 进 1（图 235）

9. 兵九进一　卒5进1

10. 兵五进一　车8进6

11. 兵五进一　车8退2

12. 车九进三　车8平5

13. 炮二进五　马7进5

14. 车二进三　卒3进1

15. 炮二平七　马5退3

16. 兵七进一　车5平3

17. 车二平七　马3进5

18. 车七进二　马5进3

19. 马七进六　炮2进2!

20. 马六退八　车6进5

21. 马八进七　车6平1

22. 炮八进二　士6进5

24. 兵一进一　象3进1

26. 马四进三　炮5平8

28. 马九进七　车1退1

30. 马五进三　将6平5

32. 炮一进三　车5平7

34. 马四退三　车7平3

36. 炮一进三　士5退6

38. 炮一退一　士4进5

40. 炮四平二　炮8退3

41. 仕五退六　炮8平5

42. 仕四进五　车6平8

43. 炮二平四　士5进6

44. 炮四平一　车8退3

45. 炮一进一　炮5退3

46. 兵一平二　车8平9

47. 兵二平三　车9退1

48. 前兵平四　炮5进3

49. 兵三进一　车9进9

50. 帅五平四　炮5平9

51. 帅四平五　车9平8（图236）

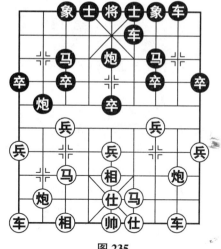

图 235

23. 炮八平五　将5平6

25. 马七进九　车1进3

27. 马三退二　车1退4

29. 马七退五?　车1平5

31. 炮五平一　车5退2!

33. 马二进四　炮8进7

35. 兵一进一　车3进2

37. 兵一进一　车3平8

39. 炮一平四　车8平6

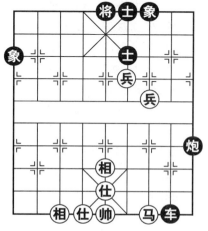

图 236

第119局　王嘉良胜蔡伟林

1. 相三进五　炮8平5
2. 马八进七　马8进7
3. 兵三进一　马2进1
4. 炮八退一　炮2平3
5. 马二进三　车1平2
6. 炮八平三　卒3进1（图237）
7. 马三进二　炮5平4
8. 车九进一　象7进5
9. 车九平六　士6进5
10. 车一平二　炮3进4
11. 相七进九　车2进6
12. 仕四进五　卒3进1
13. 车六进四　炮3平4
14. 马二进三　马1进3
15. 马三退四　卒3进1
16. 马七退九　车9平8
17. 炮三进六　后炮平7
18. 炮二进五　炮7退1

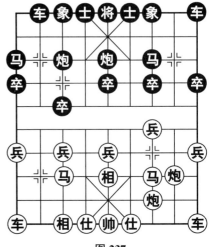

图237

19. 兵三进一！车2进2
20. 兵三进一　士5退6
21. 炮二退一　士6进5
22. 兵三进一　炮7平9
23. 炮二进一　士5退6
24. 兵三进一　车2退7
25. 车六进一　马3进2
26. 相九进七　炮4平9？
27. 车六平五　前炮进3
28. 车二进五　车2平7
29. 车五平一　车7进8
30. 仕五退四　车7退5
31. 车一退六　车7平8
32. 马四进二　车8进2
33. 马二进四　车8平6
34. 马四退六！炮9平5
35. 马六退八　炮5进5
36. 仕六进五　炮5平1
37. 车一进六　卒1进1
38. 马八进七　车6进2
39. 马七进六　士4进5
40. 车一平八　车6平4
41. 马六退八　卒1进1
42. 马八退六　士5进4
43. 马六退八　卒1平2
44. 车八平九　炮1退1
45. 马八进七　车4进2
46. 马七进九　炮1平3
47. 前马退八　炮3平5
48. 马八进七　将5进1
49. 车九平六　车4平5

50. 车六进一　炮 5 进 2
51. 帅五平六　将 5 平 6
52. 车六退三　卒 2 进 1
53. 马九进八　卒 3 平 2
54. 车六平四　将 6 平 5
55. 马七退六　将 5 平 4
56. 车四平六（图 238）

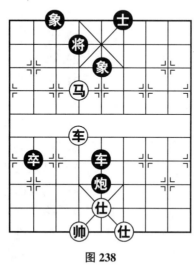

图 238

第 120 局　苗永鹏负李群

1. 相三进五　炮 8 平 5
2. 马八进七　马 8 进 7
3. 炮八退一　马 2 进 1
4. 炮八平三　车 1 进 1
5. 车九平八　炮 2 平 3（图 239）
6. 车八进五　车 1 平 6
7. 兵三进一　车 9 平 8
8. 车一进二　车 6 进 6!
9. 炮三进一　车 6 退 1
10. 兵七进一　象 7 进 9
11. 仕六进五　士 6 进 5
12. 炮三退一　车 6 平 7
13. 炮三平二　车 8 平 6
14. 前炮平三　车 7 平 8
15. 炮二进一　车 6 进 6

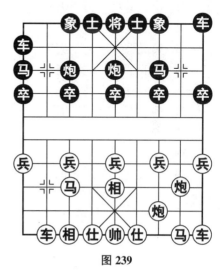

图 239

16. 兵一进一　车6平7　　　17. 车八平四　卒7进1

18. 车四进一　炮5平4　　　19. 兵三进一　车7退2

20. 炮三进二　炮4进1　　　21. 车四进二　车7平6

22. 车四退三　马7进6　　　23. 马二进三　卒3进1

24. 马三进四　车8平6　　　25. 马四进六？马6进8

26. 车一退二　卒3进1　　　27. 炮二平四　车6退2

28. 马六进八　炮4平3！　　29. 车一平二　马8退7

30. 车二进九　士5退6　　　31. 炮四平三　士4进5

32. 马八进九　后炮退1　　　33. 车二退二　车6退2

34. 车二平四　士5进6　　　35. 后炮进四　前炮平7

36. 马九退七　马1退2！　　37. 前马退五　炮3进6

38. 马五进六　马2进3　　　39. 马六退四　将5平4

40. 马四退五　炮7退2　　　41. 马五退七　炮7平1

42. 炮三退一　马3进5　　　43. 炮三平一　马5进7

44. 兵五进一　马7进5　　　45. 炮一进三　炮3退1

46. 兵一进一　炮3平2

47. 兵一平二　炮2退1

48. 兵二进一　卒1进1

49. 炮一退一　炮1进5

50. 炮一平六　炮1进3

51. 仕五退六　马5进6

52. 帅五进一　将4平5

53. 兵二平三　炮2进3

54. 帅五平六　炮1退1

55. 帅六进一　马6退5

56. 马七退五　炮2退2

57. 炮六平五　炮1退2

58. 兵三平四　炮1平5

59. 炮五退二　马5退6（图240）

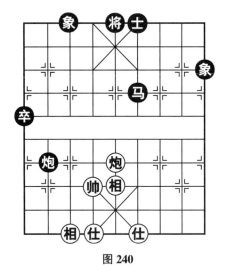

图 240

第 121 局　言穆江负林宏敏

1. 相三进五　炮8平5　　　2. 马八进七　马8进7

3. 车九进一 车9平8

4. 车一进二 炮2进2

5. 兵一进一 马2进3

6. 兵七进一 炮2平6

7. 车九平四 卒7进1

8. 马七进六 炮5平6（图241）

9. 车四平三 车8进5

10. 兵三进一 卒7进1

11. 车三进三 车8平7

12. 相五进三 前炮平4

13. 炮八平三 马3退5

14. 车一进一 炮6平4

15. 马六退七 象3进5

16. 车一平四 车1平2

17. 车四进五 后炮退1

18. 相三退五 马7退9

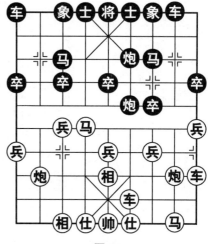

图 241

19. 车四退三 前炮退2

20. 马二进一 马5进7

21. 车四退一 车2进4

22. 马一进二 车2平7

23. 炮二退一 车7进2

24. 炮二平九 马7进8

25. 车四进一 马9进7

26. 炮三进五 马8退7

27. 车四退二 车7退2

28. 炮九进五? 车7平1

29. 炮九平八 车1平2

30. 炮八平九 车2进3!

31. 炮九进三 士4进5

32. 兵五进一 车2平3

33. 车四平八 车3平4

34. 仕六进五 车4退3

35. 车八进六 后炮退1

36. 兵九进一 车4平8

37. 马二退四 前炮平3

38. 车八退三 炮3退2

39. 炮九退四 车8进2

40. 马四进六 炮4进4

41. 炮九进四 士5退4

42. 兵七进一 车8平4

43. 兵七平六 车4退1

44. 车八平七 车4平1

45. 炮九退三 车1平5

46. 兵六进一 士6进5

47. 兵六平五 车5平9

48. 兵五平四 马7进8

49. 兵四进一 士5进6

50. 炮九平一 士6退5

51. 炮一平二 车9平5

52. 炮二进三 士5退6

53. 车七平二 马8进7

54. 车二平三 车5进1

55. 车三退二 马7退5

56. 车三进二 马5退3

57. 车三平六 炮3平1

58. 仕五退六　车5平8　　　　**59.** 炮二平四　马3进5（图242）

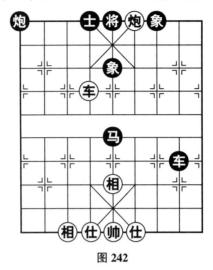

图 242

第三章　先手反宫马

第 122 局　胡荣华胜喻之青

1. 相三进五　炮8平5
2. 马八进七　马8进7
3. 炮二平四　车9进1
4. 马二进三　车9平6
5. 仕四进五　马2进3
6. 炮八进二　卒5进1
7. 兵三进一　马7进5
8. 炮八平四　车6平8（图243）
9. 车九平八　车1平2
10. 车八进六　卒5进1
11. 兵五进一　马5进3
12. 车一平二　车8进8
13. 马三退二　车2进1
14. 马二进三　前马进5
15. 后炮进一！卒7进1
16. 后炮平五　卒7进1
17. 相五进三　车2平5？
18. 炮四退二　马5进3
19. 车八进一！（图244）

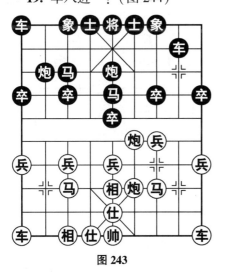

图243

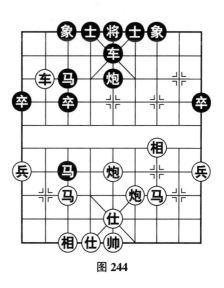

图244

第 123 局　陈信安胜梁文斌

1. 相三进五　炮 8 平 5
2. 马八进七　马 8 进 7
3. 炮二平四　车 9 平 8
4. 马二进三　卒 5 进 1
5. 仕四进五　马 7 进 5
6. 车九进一　卒 5 进 1
7. 兵五进一　车 8 进 6
8. 炮八进一　马 5 进 3（图 245）
9. 兵七进一　马 3 进 5
10. 炮四进一！车 8 进 1
11. 马三进五　炮 5 进 4
12. 马七进五　炮 2 平 5
13. 炮八进一！炮 5 进 4
14. 炮八平五　车 8 退 2
15. 炮五进一　车 8 平 5
16. 炮五退二　车 5 进 1
17. 车一平四　马 2 进 3
18. 车九平六　马 3 进 5
19. 车六进五　士 4 进 5
20. 炮四退二　象 3 进 5
21. 仕五进六　马 5 进 6？
22. 炮四进八　马 6 进 5
23. 相七进五　车 5 进 1
24. 仕六退五　士 5 退 6
25. 车四进八　车 1 平 4
26. 车六平四（图 246）

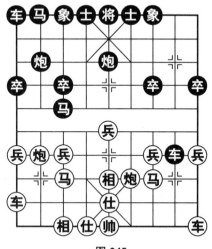

图 245

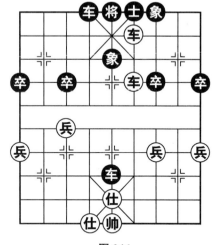

图 246

第 124 局　朱永康负言穆江

1. 相三进五　炮 8 平 5
2. 马八进七　马 8 进 7
3. 炮二平四　车 9 平 8
4. 马二进三　卒 3 进 1

5. 兵三进一　马2进3
6. 马三进四　炮2进3
7. 马四进三　马3进4
8. 车九进一　炮5平4（图247）
9. 车一平三　士4进5
10. 兵三进一　车8进7
11. 仕四进五　象3进5
12. 兵三平四　车8退4
13. 兵四平五　卒5进1
14. 马三退五　车8平5
15. 马五退三　车1平3
16. 炮八退一　马4进3
17. 炮八平七　卒3进1
18. 车九平八　炮2退2
19. 相五进七　炮4平2
20. 炮七进二?　车3进5!
21. 车八平六　车3进1
22. 马七退九　后炮平3!
23. 炮四平八　马7进6
24. 车三进二　马6进5
25. 车三平五　炮3进1
26. 马三退四　车5平8
27. 马四进五　炮3平5!
28. 马五退七?　马5进7!（图248）

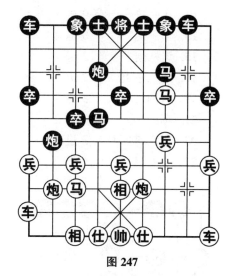

图 247

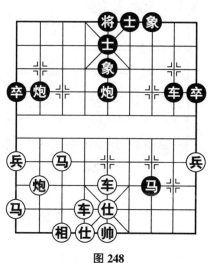

图 248

第125局　许银川胜郭裕隆

1. 相三进五　炮8平5
2. 马八进七　马8进7
3. 炮二平四　车9平8
4. 马二进三　卒7进1
5. 兵七进一　马2进1
6. 仕四进五　士4进5
7. 兵九进一　炮2平3
8. 车九平八　车1平2（图249）
9. 炮八进四　炮5平4
10. 兵一进一　象7进5

11. 兵一进一　卒 9 进 1　　　　**12.** 车一进五　车 8 进 6

13. 车一退二　车 8 退 2　　　　**14.** 车一进一　车 8 进 2

15. 炮八退三　车 2 进 4　　　　**16.** 兵三进一　车 8 退 2

17. 炮八平九　车 2 进 5　　　　**18.** 马七退八　马 1 退 3？

19. 炮四进六！士 5 退 4　　　　**20.** 兵三进一　车 8 平 7

21. 车一平六　炮 4 进 2　　　　**22.** 马三进四　炮 4 平 6

23. 车六进四！马 3 进 1　　　　**24.** 兵九进一　炮 6 退 2

25. 兵九进一　士 6 进 5　　　　**26.** 兵九进一　炮 3 平 4

27. 兵九平八　将 5 平 6　　　　**28.** 兵八平七（图 250）

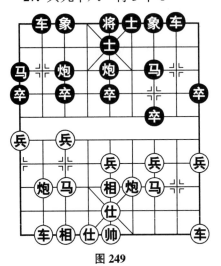

图 249

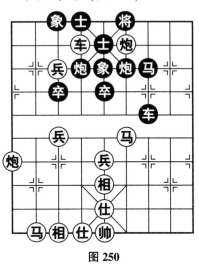

图 250

第 126 局　胡荣华胜钱洪发

1. 相三进五　炮 8 平 5　　　　**2.** 马八进七　马 8 进 7

3. 炮二平四　车 9 平 8　　　　**4.** 马二进三　马 2 进 1

5. 兵三进一　车 8 进 6　　　　**6.** 仕四进五　车 8 平 7

7. 车一进二　车 1 进 1　　　　**8.** 炮四退二　车 1 平 4（图 251）

9. 炮四平三　车 7 平 6　　　　**10.** 马三进二　车 6 平 8

11. 马二进三　车 4 进 5　　　　**12.** 炮八平九　车 4 平 3

13. 车九平八　炮 2 平 3　　　　**14.** 车八进二　车 8 平 6

15. 车一平四　车 6 进 1　　　　**16.** 仕五进四　车 3 平 1？

17. 马三进五　象 7 进 5　　　　**18.** 马七进六　车 1 退 1

19. 马六进八　马7退5　　　20. 炮三平二！炮3退1
21. 炮二进四　车1退1　　　22. 炮二退三　车1进1
23. 炮二平九　车1平6　　　24. 前炮进五　象5进3
25. 前炮进二　车6平4　　　26. 马八退九　卒1进1
27. 后炮进四　车4退3　　　28. 前炮退三（图252）

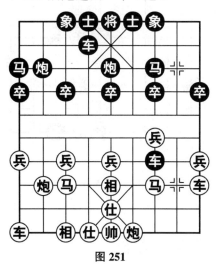

图 251

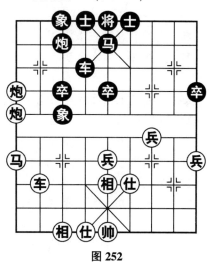

图 252

第 127 局　　汤卓光负金波

1. 相三进五　炮8平5
2. 马八进七　马8进7
3. 炮八平九　车9平8
4. 车九平八　炮2平4
5. 炮二平四　马2进3
6. 马二进三　卒3进1
7. 兵三进一　马3进4
8. 车八进六　士4进5（图253）
9. 车八平六　马4进3
10. 马三进四　卒5进1
11. 马四进三　卒5进1
12. 仕四进五　车8进6
13. 马三进五　象3进5

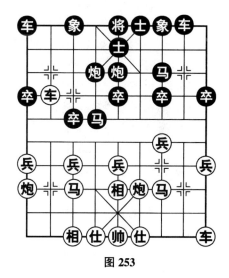

图 253

143

14. 兵五进一　马3退5

15. 车六平三？卒3进1！

16. 相五进七　车8平3

17. 马七退九　车3退1

18. 炮四平三　车3进1

19. 车一平四　车3平7

20. 炮三平五　车1平3

21. 兵九进一　车3进5！

22. 车三平八　车3平1

23. 马九进七　车1平3

24. 车四进八　车3进2

25. 炮五进五　将5平4

26. 车八进三　将4进1

27. 车八退一　将4退1

29. 仕五退四　车3平6（图254）

28. 车四退四　车7进3

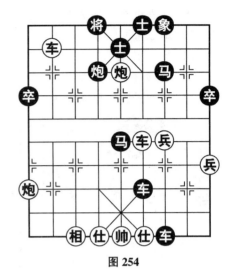

图 254

第128局　阎文清负卜凤波

1. 相三进五　炮8平5

2. 马八进七　马8进7

3. 炮二平四　车9平8

4. 马二进三　卒7进1

5. 兵七进一　马2进1

6. 仕四进五　车1进1

7. 兵九进一　炮2平3

8. 车九平八　车1平6（图255）

9. 炮八进五　车6进5

10. 车一平三　士6进5

11. 炮八平五　象7进5

12. 车八进七　炮3平4

13. 马七进六　车6平7

14. 马六进七　卒7进1！

15. 相五进三　车7退1

16. 相七进五　车7进1

17. 马三退四　马7进6

18. 马七进八　炮4进3！

19. 车八平九　车7进3

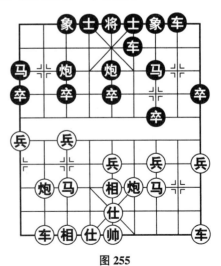

图 255

20. 相五退三　马6进5
21. 车九退一　车8进3
22. 炮四平五　马5退7
23. 炮五进二　炮4进1
24. 马四进三　车8进4
25. 马三进五　炮4平1
26. 车九平八　马7进5
27. 车八退三　马5进3
28. 仕五进六　炮1进3
29. 仕六进五　马3进2
30. 仕五退六　马2退1（图256）

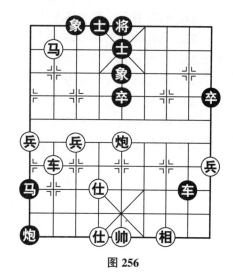

图 256

第 129 局　洪磊鑫胜朱祖勤

1. 相三进五　炮8平5
2. 马八进七　马8进7
3. 炮二平四　卒7进1
4. 兵七进一　车9平8
5. 马二进三　卒1进1
6. 仕四进五　炮2平4
7. 车九平八　车1进1
8. 车一平三　马2进1（图257）
9. 兵三进一　卒7进1
10. 相五进三　车1平6
11. 相三退五　车6进3
12. 炮八进二　车6平7
13. 车八进三　车8进6
14. 车八平六　士6进5
15. 炮八退一！车8退2
16. 马三进四　车7进5
17. 相五退三　车8平7
18. 相三进五　马1进2
19. 车六进二　车7平4
20. 马四进六　马7进6
21. 炮八进一　炮5平9
22. 马六退四　马6退7
23. 炮八退一　象7进5

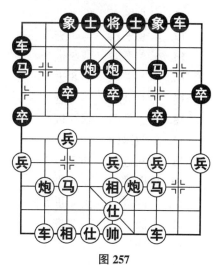

图 257

24. 炮四平三　　炮4进1
25. 马七进八　　马2进4
26. 炮八平七　　马7进6
27. 马八进七　　马4退3
28. 炮七进三　　卒5进1
29. 炮三平四　　马6进8
30. 兵七进一！　炮9进4
31. 兵七平六　　炮4平5？
32. 马四进五　（图258）

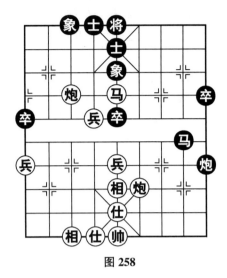

图 258

第 130 局　　谢靖负汪洋

1. 相三进五　　炮8平5
2. 马八进七　　马8进7
3. 炮八平九　　车9平8
4. 车九平八　　马2进3
5. 炮二平四　　车1平2
6. 车八进六　　炮2平1
7. 车八平七　　马7退5
8. 仕四进五　　炮1退1　（图259）
9. 兵七进一　　炮5平6
10. 炮九进四　　炮1平3
11. 炮九平五　　象3进5
12. 车七平六　　马3进5
13. 车六平五　　马5进3
14. 车五平三　　车8进8！
15. 马七进六　　车2进4
16. 车三平四　　炮6进5
17. 车四退四　　车2平4
18. 马六进四　　马3进2
19. 兵七进一　　象5进3
20. 马四进三　　士4进5
21. 车四进三　　马2进3
22. 车四平六　　马3退4
23. 马二进四　　马4进3

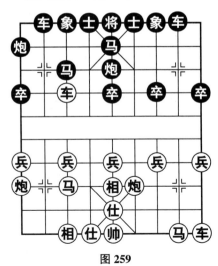

图 259

24. 帅五平四　马3进4
25. 相七进九　炮3进1
26. 兵三进一　炮3平6!
27. 马四进三　车8退6!
28. 后马进五　车8平7
29. 车一平二　炮6平1
30. 相九退七　炮1平3
31. 相七进九　车7平6
32. 帅四平五　车6进4
33. 马五进六　炮3平4（图260）

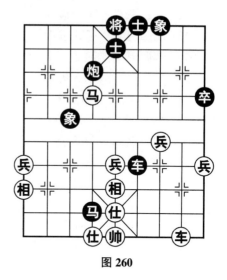

图 260

第 131 局　陶汉明负柳大华

1. 相三进五　炮8平5
2. 马八进七　马8进7
3. 炮二平四　车9平8
4. 马二进三　卒3进1
5. 兵三进一　马2进3
6. 炮四进五　炮5进4
7. 马七进五　炮2平6（图261）
8. 兵七进一　卒5进1
9. 马五进四　卒3进1
10. 马四进三　车8进2
11. 相五进七　车8平7
12. 车九平八　士4进5
13. 炮八平七　车1平2!
14. 炮七进五　车2进9
15. 炮七平三　车2平3
16. 车一平二　车3退4
17. 车二进五　炮6平5
18. 仕四进五　炮5平2
19. 帅五平四　车3进2
20. 马三进五　炮2进7
21. 帅四进一　车3退5!
22. 炮三进一　炮2退1
23. 仕五进四　卒5进1

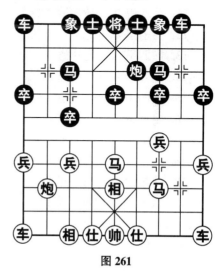

图 261

147

24. 车二平八　　车 3 进 6

25. 仕四退五　　卒 5 进 1

26. 帅四退一　　炮 2 平 1

27. 车八退二　　卒 5 进 1

28. 车八平五　　车 3 退 1

29. 兵三进一　　卒 7 进 1

30. 炮三退二　　卒 7 进 1

31. 炮三平五　　象 7 进 5

32. 炮五退四　　卒 7 进 1

33. 炮五平六　　卒 7 进 1

34. 车五平三　　卒 7 进 1

35. 炮六退一　　炮 1 进 1（图 262）

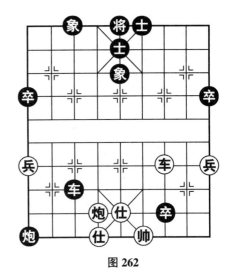

图 262

第 132 局　廖二平负刘殿中

1. 相三进五　　炮 8 平 5	2. 马八进七　　马 8 进 7
3. 炮八平九　　车 9 平 8	4. 车九平八　　马 2 进 3
5. 炮二平四　　车 1 平 2	6. 马二进三　　炮 2 进 4
7. 兵七进一　　卒 7 进 1	8. 炮四进五　　炮 5 退 1（图 263）
9. 仕四进五　　炮 2 平 3	10. 车一平四　　车 8 进 7

11. 车八进九　　马 3 退 2

12. 马七退九　　炮 5 平 9

13. 炮四平八　　炮 9 进 5

14. 炮九平八　　马 2 进 1

15. 车四平一　　炮 9 退 2

16. 前炮退三　　马 7 进 8

17. 前炮进二　　马 8 退 7

18. 车一进四　　马 1 退 3

19. 前炮退三　　马 7 进 8

20. 兵五进一　　炮 3 平 1！

21. 马三退四　　车 8 进 2

22. 前炮平五　　马 8 进 7

23. 车一退三　　炮 1 平 4

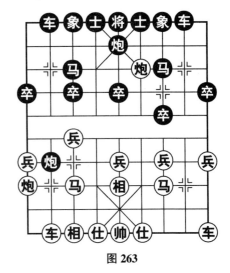

图 263

24. 炮五进三　马3进4
25. 马九进七　马4进5
26. 马七进六　将5进1
27. 炮八进一?　炮4进2!
28. 车一进二　马7进8
29. 车一退一　炮4退2
30. 炮八退二　马8进6!
31. 相五退三　马5进7
32. 车一平六　马6退5
33. 相七进五　炮4平5
34. 炮五平四　马7退6
35. 炮四平三　炮9进5
36. 帅五平四　车8退1（图264）

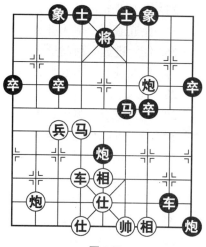

图 264

第133局　尚威胜邹立武

1. 相三进五　炮8平5
2. 马八进七　马8进7
3. 炮二平四　车9平8
4. 马二进三　卒3进1
5. 兵三进一　马2进3
6. 炮八进四　卒5进1
7. 车九进一　卒1进1
8. 车九平六　车1进3（图265）
9. 车六进五　马7退5
10. 车六平七　炮2退1
11. 仕四进五　炮2平3
12. 车七平三　炮5进1
13. 炮八进二　卒5进1
14. 兵三进一!　炮5进3
15. 炮四进三　车1平7
16. 兵三进一　车8进4
17. 炮四平九　卒3进1
18. 炮九退一　马5进4
19. 车一平四　炮5平4
20. 兵七进一　马3进2
21. 马七退九　炮4进2
22. 车四进三　马2进3?
23. 车四平六　马4进2

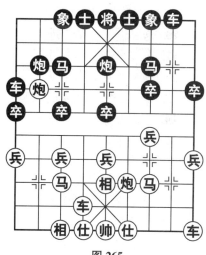

图 265

24. 炮九平五！　马3进2

25. 仕五退四　炮3进8

26. 仕六进五　后马进3

27. 马九进八　车8平2

28. 炮八平二　炮3平1

29. 炮二退五　将5进1

30. 马三进四！炮4进1

31. 相五退七　马2退4

32. 车六退一　马3退5

33. 炮二平五　象7进5

34. 马八退七！车2进4

35. 仕五退六　车2平3

36. 车六进二　车3进1

37. 帅五进一 （图266）

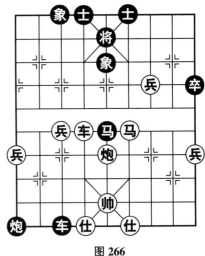

图 266

第 134 局　李雪松胜申鹏

1. 相三进五　炮8平5

2. 马二进三　马8进7

3. 车一平二　炮2平4

4. 兵三进一　马2进3

5. 炮八平六　车1平2

6. 马八进七　车9平8

7. 炮二进四　马7退9

8. 炮二进二　车2进1 （图267）

9. 炮二退三　车2进3

10. 炮二进三　卒7进1

11. 车九平八　车2进5

12. 马七退八　卒7进1

13. 相五进三　炮4进1！

14. 相三退五　马9进8

15. 炮二平七　马3退5

16. 马八进七　马5进7

17. 兵七进一　车8进1

18. 炮七平六　马7进6

19. 前炮退一　车8平3

20. 仕四进五　士4进5

21. 前炮进一　炮5平8

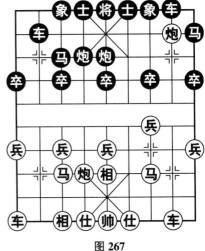

图 267

22. 车二平三　卒 3 进 1

23. 兵七进一　车 3 进 3

24. 马七进八　车 3 平 2

25. 马八退六　马 8 退 6!

26. 后炮进四　前马退 4

27. 炮六平九　马 6 进 7

28. 车三平四　炮 8 平 9

29. 马三进四　车 2 平 6

30. 兵五进一? 马 4 进 5

31. 车四平三　炮 9 平 7

32. 车三平二　炮 7 平 6

33. 车二进五　象 3 进 5

34. 马四退二　车 6 进 2

35. 马六进四　炮 6 进 2!

37. 车二退一　炮 6 平 5（图 268）

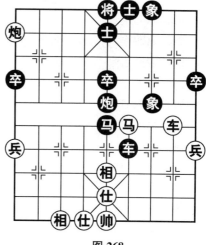

图 268

36. 马二进三　象 5 进 7

第 135 局　童本平胜阎文清

1. 相三进五　炮 8 平 5

2. 马八进七　马 8 进 7

3. 炮八平九　车 9 平 8

4. 车九平八　炮 2 平 4

5. 炮二平四　马 2 进 3

6. 马二进三　卒 3 进 1

7. 兵三进一　马 3 进 4

8. 仕四进五　车 8 进 6（图 269）

9. 兵九进一　车 8 平 7

10. 车一平三　卒 7 进 1

11. 兵三进一　车 7 退 2

12. 车八进六　卒 3 进 1

13. 车八平六　卒 3 进 1

14. 马三退一　车 7 进 5

15. 马一退三　马 4 进 2

16. 车六进一　卒 3 进 1

17. 车六平七　车 1 平 2

18. 马三进二　卒 3 平 2

19. 炮九进一　马 2 退 4

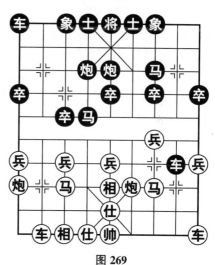

图 269

20. 车七退一　车2进6

21. 炮九进三　车2平3

22. 车七退三　马4进3

23. 马二进三　马3退1

24. 炮四平三　马1退3

25. 炮九平七　马7进6?

26. 炮三进七　将5进1

27. 炮七平一　卒2平3

28. 相五进七　马6进5

29. 马三进二!　炮5平8

30. 炮一进二　马5退3

31. 兵一进一　前马退5

32. 兵一进一　马3进4

33. 兵一进一　将5平6?

34. 炮三退一!　炮8退1

35. 炮三退七　炮8进1

36. 兵一进一!　炮8平7

37. 马二进三　将6进1

38. 兵一平二　(图270)

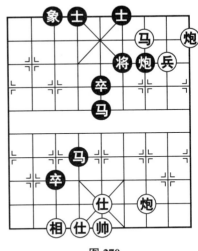

图 270

第 136 局　靳玉砚负郑惟桐

1. 相三进五　炮8平5

2. 马八进七　马8进7

3. 炮八平九　马2进3

4. 车九平八　车1平2

5. 炮二平四　炮2进4

6. 兵七进一　车9平8

7. 马二进三　卒7进1

8. 炮四进五　炮5退1（图271）

9. 马七进六　炮2进1

10. 仕四进五　车8进5

11. 兵三进一　车8退1

12. 兵三进一　车8平7

13. 马三进四　马7进6

14. 马六退七　炮5平3

15. 车一平三　车7进5

16. 相五退三　卒3进1

17. 兵七进一　炮3进3

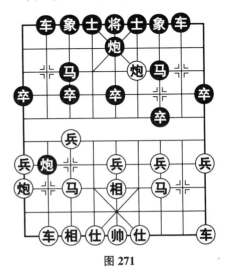

图 271

18. 相三进五　炮 3 进 2

19. 兵五进一? 马 6 退 4!

20. 炮四平二　马 4 进 5

21. 炮二退三　马 5 退 3

22. 马七进五　卒 5 进 1

23. 马五进三　车 2 进 3

24. 马四进三　炮 3 平 7

25. 前马退五　士 4 进 5

26. 马五退七　炮 7 平 3

27. 车八进一　车 2 进 1

28. 车八平六　后马进 5

29. 车六进五　象 3 进 5

30. 炮二进一　车 2 进 2

31. 帅五平四　炮 3 平 7

32. 马三进二　车 2 平 6

33. 帅四平五　马 5 进 7!

34. 炮二平七　马 7 进 8!

35. 炮九退一　炮 2 进 1

36. 仕五进六　炮 2 平 8

37. 马二进三　车 6 退 5

38. 炮七进三? 士 5 进 4! (图 272)

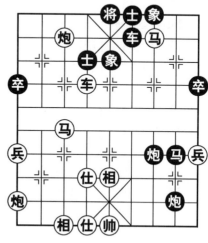

图 272

第 137 局　黄勇负罗忠才

1. 相三进五　炮 8 平 5

2. 马八进七　马 8 进 7

3. 炮二平四　车 9 平 8

4. 马二进三　卒 3 进 1

5. 兵三进一　马 2 进 3

6. 马三进四　炮 2 进 3

7. 马四进三　炮 5 平 4

8. 车九进一　马 3 进 4 (图 273)

9. 车九平三　象 3 进 5

10. 兵三进一　车 1 平 3

11. 车一平三　炮 2 退 1

12. 炮四进三　炮 2 进 2

13. 仕四进五　马 4 进 5

14. 马七进五　炮 2 平 5

15. 前车进二　炮 5 平 1

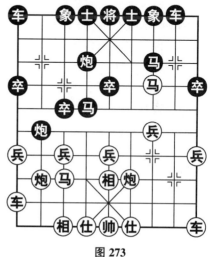

图 273

16. 兵七进一　炮1退2

17. 炮八平七　炮4平3

18. 后车平四　卒3进1

19. 炮四进三？炮3进5

20. 马三进五　车8进1

21. 兵三平二　炮1平6！

22. 车三进四　车8平6

23. 兵二平三　炮6退2

24. 车四进六　车3进2！

25. 马五进六　将5平4

26. 车三进二　车3平4

27. 兵三进一　炮3退1

28. 车四退三　炮6进2

29. 车三退二　车4平7

30. 兵三进一　将4平5

31. 车四进一　炮3平5

32. 车四平五　炮6平5

33. 车五退一　卒3平4

34. 车五平二　车6进2

35. 兵三平二　卒1进1

36. 兵二进一　卒1进1

37. 车二进一　炮5进1

38. 车二进一　士6进5（图274）

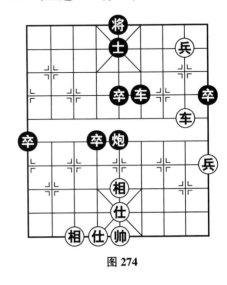

图 274

第 138 局　陈志文胜郑守贤

1. 相三进五　炮8平5

2. 马八进七　马8进7

3. 兵三进一　车9平8

4. 炮二平四　车8进4

5. 马二进三　卒7进1

6. 兵三进一　车8平7

7. 马三进四　马2进3

8. 兵七进一　炮5平6（图275）

9. 车一平三　象7进9

10. 车三进五　象9进7

11. 马四进六　象3进5

12. 炮八平九　车1平2

13. 车九进一　炮2平1

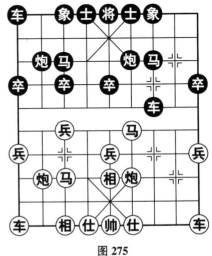

图 275

14. 炮四进四　车2进4　　　　15. 车九平六　卒3进1

16. 兵七进一　车2平3　　　　17. 马七进八　马3进4

18. 车六进四　马7进6　　　　19. 车六进三　马6进5

20. 马八进七　马5退4　　　　21. 炮四平二　马4进6

22. 炮九进四　马6进8　　　　23. 仕六进五　马8进7

24. 帅五平六　炮1平4?　　　　25. 炮二进三　象5退7

26. 车六退一　车3退1　　　　27. 炮九进三　将5进1

28. 车六进一　将5进1

29. 炮二退二　炮6进4

30. 炮九平四　炮6平8

31. 仕五进四　炮8退3

32. 炮四退三!　卒5进1

33. 炮四进二　炮8进6

34. 仕四进五　车3平8

35. 炮四平二!　马7进5

36. 帅六进一　炮8退1

37. 帅六退一　炮8进1

38. 帅六进一　炮8退1

39. 帅六退一　(图276)

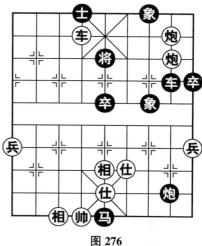

图 276

第 139 局　苗永鹏胜蒋川

1. 相三进五　炮8平5

2. 马八进七　马8进7

3. 炮二平四　车9平8

4. 兵三进一　卒5进1

5. 仕四进五　马7进5

6. 车九进一　卒5进1

7. 兵五进一　炮5进3

8. 车九平六　车8进7　(图277)

9. 车六进五　马2进3

10. 炮四进一!　士4进5

11. 炮四平五　炮5平6

12. 兵七进一　象3进5

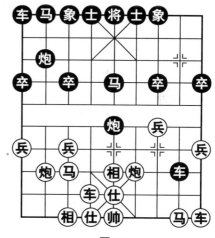

图 277

13. 马七进六　炮 2 进 1

14. 炮八平二　炮 2 平 4

15. 马六进四　炮 4 退 2

16. 马二进三　车 1 平 2

17. 车一平四　车 2 进 4?

18. 马四进五！炮 6 退 3

19. 马五退七　将 5 平 4

20. 炮二进五　炮 6 进 2

21. 炮二退二　炮 6 退 2

22. 炮五进二！车 2 进 2

23. 马七退六　车 2 平 8

24. 马六进五　马 3 进 5

25. 车四进六　马 5 退 3

26. 车四平七　象 7 进 5

27. 兵三进一　卒 7 进 1

28. 炮二进一　炮 4 平 3

29. 车七平六　士 5 进 4

30. 炮二平五！炮 3 平 7

31. 后炮进二　马 3 进 2

32. 兵七进一　马 2 进 3

33. 后炮平三　卒 7 进 1

34. 炮五退四！将 4 进 1

35. 车六退三　马 3 进 2

36. 相五进三　炮 7 进 4

37. 车六平八　炮 6 进 6

38. 车八进五　将 4 退 1

39. 炮三平六　士 4 退 5

40. 炮六退三　车 8 进 1

41. 车八退四（图 278）

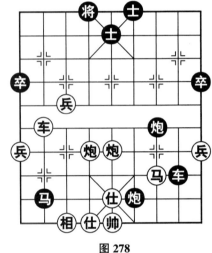

图 278

第140局　马迎选负徐天红

1. 相三进五　炮 8 平 5

2. 马八进七　马 8 进 7

3. 炮二平四　车 9 平 8

4. 马二进三　卒 3 进 1

5. 兵三进一　马 2 进 3

6. 车九进一　马 3 进 4

7. 车九平六　炮 2 进 2（图 279）

8. 兵七进一　炮 5 平 4

9. 马七进六?　卒 3 进 1

10. 车六平七　卒 3 平 4

11. 车七进四　车 8 进 4

12. 车七平八　马 7 退 5！

13. 炮八平六　马 5 进 3

14. 车八平七　车 1 进 2

15. 车一平二　车 8 平 6

16. 仕四进五　炮 4 退 1

17. 车七进一　炮 4 平 3

18. 车七平六　卒 4 进 1

19. 炮六平七　炮 3 进 6

20. 炮四平七　象 3 进 5

21. 兵五进一	马4进2	22. 炮七平八	车6平4
23. 车六平八	车4进1	24. 马三进二	卒4进1！
25. 马二进三	卒4进1	26. 炮八平六	马3进4
27. 炮六进三	马2退4	28. 车八平六	车1平3
29. 相七进九	车3进6	30. 车二平四	士4进5
31. 车四进八	卒4进1	32. 仕五退六	车3平4
33. 仕六进五	后车平2	34. 相九退七	车2进4
35. 车六平七	车2退1	36. 车四退七	马4进2
37. 车七退二	马2进1	38. 车七退二	马1进3！
39. 相五进七	车4退1	40. 车七退一	车2平3
41. 仕五进六	车3平6（图280）		

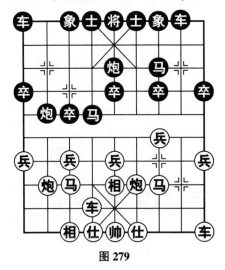

图279

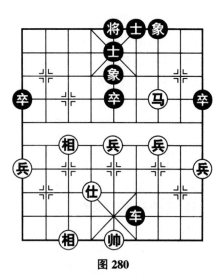

图280

第141局　李丛德胜蒋全胜

1. 相三进五	炮8平5	2. 马八进七	马8进7
3. 炮二平四	车9平8	4. 马二进三	卒3进1
5. 仕四进五	卒7进1	6. 炮八平九	炮2平4
7. 车九平八	马2进3	8. 车八进四	车1平2
9. 车八平六	士4进5	10. 兵三进一	卒7进1
11. 车六平三	车2进3	12. 兵七进一	卒3进1
13. 车三平七	马7进6	14. 马三进四	马6退4（图281）

15. 车七进一　象 3 进 1

16. 车一平三　马 4 进 2

17. 车三进六　车 2 平 4?

18. 车七平二!　车 8 进 4

19. 马四进二　卒 5 进 1

20. 马二退四　炮 5 平 9

21. 车三进三!　炮 9 进 4

22. 炮四平三　车 4 平 8

23. 车三退三　车 8 进 6

24. 仕五退四　炮 9 进 3

25. 车三平一　炮 4 平 7

26. 仕六进五　象 1 退 3

27. 马四退六!　象 3 进 5

28. 马六进五　马 3 进 5

29. 炮三退二　马 5 进 7

30. 车一平三　炮 9 平 7

31. 相五退三　炮 7 平 9

32. 车三平八　马 2 进 3

33. 炮九进四　车 8 平 7

34. 车八进三　士 5 退 4

35. 炮九进三　象 5 退 3

36. 炮九平七　将 5 进 1

37. 车八退一　将 5 进 1

38. 马五进三　将 5 平 4

39. 车八退二　炮 9 进 1

40. 马三进二　炮 9 平 5

41. 马二进四（图 282）

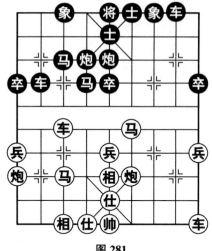

图 281

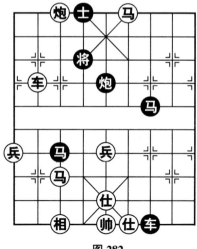

图 282

第 142 局　胡荣华胜卜凤波

1. 相三进五　炮 8 平 5　　　2. 马八进七　马 8 进 7

3. 炮八平九　马 2 进 1　　　4. 车九平八　车 1 平 2

5. 炮二平四　车 9 平 8　　　6. 马二进三　卒 1 进 1

7. 兵三进一　车 8 进 4　　　8. 兵九进一　炮 2 进 4（图 283）

9. 兵七进一　卒 1 进 1

10. 炮九进五　象 3 进 1

11. 马三进四　卒 3 进 1

12. 兵七进一　车 8 平 3

13. 车一平三　卒 1 平 2

14. 马七进六　卒 5 进 1

15. 仕四进五　炮 5 进 4

16. 马六退八　卒 5 进 1

17. 马四进三　卒 2 进 1

18. 车八平九　车 2 进 3

19. 兵三进一　马 7 进 5

20. 炮四进四！　车 2 进 2

21. 车九进七　车 3 进 5

22. 车三进三　车 3 退 8

24. 车三平四　车 2 退 1

26. 炮一退二！　马 6 退 7

28. 炮一进五　车 2 平 1

29. 车九进一　车 5 平 1

30. 车四进六　将 5 进 1

31. 车四平五　将 5 平 6

32. 车五退五　炮 5 平 3

33. 兵三进一！　车 1 平 7

34. 车五平四　将 6 平 5

35. 兵三平四　车 7 平 9

36. 兵四进一　将 5 进 1

37. 炮一平六　车 9 进 2

38. 帅五平四　将 5 平 4

39. 炮六平五　车 9 进 3

40. 帅四进一　炮 3 进 2

41. 仕五进六（图 284）

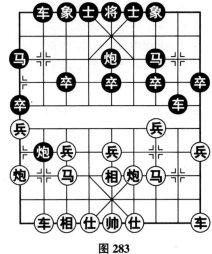

图 283

23. 炮四平一　马 5 进 6

25. 车九退三　车 3 平 5？

27. 兵三进一　车 5 进 3

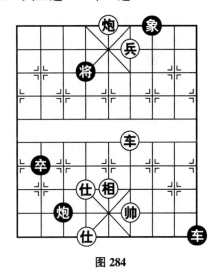

图 284

第 143 局　苗永鹏负吕钦

1. 相三进五　炮 8 平 5

2. 马八进七　马 8 进 7

3. 炮二平四　车9平8　　　　　4. 马二进三　卒3进1

5. 兵三进一　马2进3　　　　　6. 马三进四　车8进6

7. 仕四进五　车8平6　　　　　8. 马四进三　炮5平4

9. 车一平二　象3进5　　　　　10. 炮八进一　炮2进1

11. 马三退二　车6退2

12. 兵七进一　卒3进1

13. 相五进七　马3进4

14. 相七进五　炮2平3 （图285）

15. 炮八进二？马4进5

16. 马七进五　车6平2

17. 兵三进一　象5进7

18. 炮四平三　象7退5

19. 车二平四　车1进1

20. 车九进二　炮4平2

21. 车九平六　车1平8

22. 马二退一　车2平5

23. 车六平八　车5进2

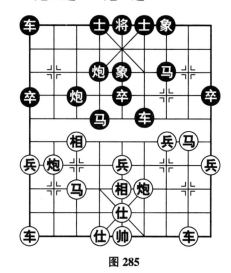

图 285

24. 车八进五　车8进5！

25. 车四进二　马7进8

26. 炮三进六　车8平6　　　　　27. 兵九进一　车6进1

28. 仕五进四　马8进6　　　　　29. 仕六进五　士6进5

30. 车八退一　炮3进1　　　　　31. 车八平六　炮3平9

32. 相五进三　车5平1

33. 马一进三　炮9平5！

34. 马三进五　车1平9

35. 相七退五　卒9进1

36. 炮三平一　车9平2

37. 帅五平六　车2进3

38. 帅六进一　车2退4

39. 马五退七　象5退3

40. 炮一平二　炮5平8

41. 仕五进六　象7进5

42. 炮二退二　车2进1

43. 马七进六　马6进7

44. 车六平五　车2进2

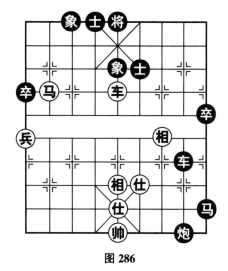

图 286

45. 帅六退一　炮 8 进 5　　　46. 帅六平五　马 7 进 9!

47. 炮二退五　车 2 平 8　　　48. 马六进八　士 5 进 6

49. 仕六退五　车 8 退 2（图 286）

第 144 局　张晓平胜陆伟韬

1. 相三进五　炮 8 平 5　　　2. 马八进七　马 8 进 7

3. 炮二平四　车 9 平 8　　　4. 马二进三　卒 3 进 1

5. 兵三进一　马 2 进 3　　　6. 马三进四　炮 2 进 3

7. 马四进三　马 3 进 4　　　8. 马三进五　象 3 进 5

9. 车九进一　车 8 进 6（图 287）

10. 兵三进一　马 4 进 5

11. 马七进五　车 8 平 5

12. 车九平三　炮 2 平 5

13. 仕四进五　马 7 退 5

14. 车一平四　马 5 进 3

15. 车三进三　车 1 进 1

16. 兵三进一　车 1 平 6

17. 炮四进五　马 3 进 2

18. 炮八进一　车 5 平 3

19. 车三平五　车 3 平 2

20. 车五进二　士 6 进 5

21. 炮四退二　卒 3 进 1

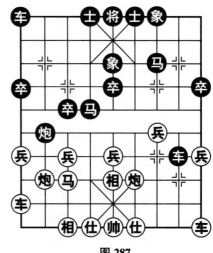

图 287

22. 车五平八　卒 3 进 1?　　　23. 炮四平五　马 2 进 4

24. 车四进八　车 2 退 3　　　25. 帅五平四　车 2 平 5

26. 炮五平二!　士 5 进 6　　　27. 炮二进四　象 7 进 9

28. 车四退一　车 5 平 7　　　29. 车四平五　士 4 进 5

30. 炮二退七　车 7 平 8　　　31. 炮二平三　车 8 进 6

32. 炮三退二　车 8 退 3　　　33. 仕五进四　车 8 平 9

34. 车五平一　车 9 平 6　　　35. 仕六进五　车 6 退 3

36. 帅四平五　马 4 进 2　　　37. 车一进二　士 5 退 6

38. 炮三进九　将 5 进 1　　　39. 车一退一　将 5 进 1

40. 车一平七　卒 3 平 4　　　41. 车七退四　车 6 平 7

42. 炮三平二　车 7 平 8　　　43. 炮二平三　将 5 退 1

44. 炮三退六　车8进6
45. 炮三退三　车8退6
46. 车七平八　卒4平3
47. 车八平五　将5平4
48. 车五平六　将4平5
49. 帅五平六！将5退1
50. 炮三平五　士6进5
51. 相五退三　将5平6
52. 车六平四　将6平5
53. 仕五进六　士5进6
54. 仕四退五　士6退5
55. 车四平七（图288）

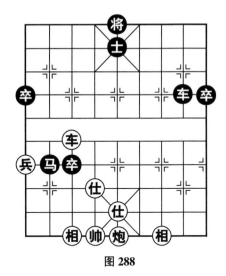

图 288

第 145 局　庄玉庭负申鹏

1. 相三进五　炮8平5
2. 马八进七　马8进7
3. 炮八平九　车9平8
4. 车九平八　马2进3
5. 炮二平四　车1平2
6. 车八进六　卒3进1
7. 仕四进五　马3进4
8. 马二进三　车8进4（图289）
9. 炮九进四？卒3进1
10. 车八退一　卒3进1
11. 炮九退一　马7退5
12. 车一平四　马5进3
13. 车八进二　车2进2
14. 炮九平二　马4进6
15. 炮二进二　马6进7
16. 车四平三　马7退9
17. 炮四进一　卒3进1
18. 炮四平一　炮5平6
19. 车三平四　士4进5
20. 炮二平七　车2平3
21. 车四进四　卒9进1
22. 兵三进一　车3进2
23. 车四平七？车3进1

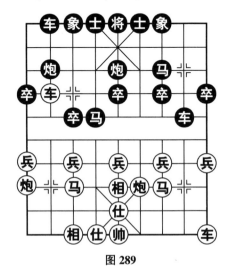

图 289

24. 相五进七	炮6平5！	25. 相七进五	炮5进4
26. 炮一平三	象3进5	27. 炮三进三	象7进9
28. 炮三平四	炮5平6	29. 炮四平二	炮6平8
30. 炮二进三	象9退7	31. 炮二退四	卒9进1
32. 兵九进一	卒3进1	33. 仕五进六	炮8平5
34. 帅五平四	卒9平8	35. 炮二平一	炮5平9
36. 兵九进一	卒5进1	37. 兵三进一	卒5进1
38. 兵三进一	卒8进1	39. 炮一平八	卒8平7
40. 仕六进五	卒5进1	41. 炮八平二	卒7平8
42. 兵九平八	卒5平6	43. 兵三平四	炮9退1

44. 炮二退一	炮9退1
45. 炮二平一	卒8进1
46. 兵四平五	卒8进1
47. 兵五平六	炮9平6
48. 帅四平五	炮6进1
49. 兵八平七	卒6平5
50. 兵七平六	卒3平4
51. 后兵平五	卒5平4
52. 炮一进二	卒8平7
53. 帅五平四	炮6退4
54. 兵六平七	士5进6
55. 帅四平五	卒7平6
56. 炮一平五	士6进5（图290）

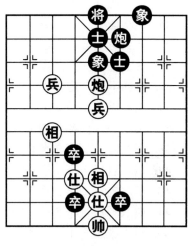

图 290

第 146 局　孙志伟胜喻之青

1. 相三进五	炮8平5	2. 马八进七	马8进7
3. 炮二平四	车9进1	4. 马二进三	车9平6
5. 仕四进五	马2进3	6. 兵三进一	卒5进1
7. 车一平四	马7进5	8. 炮四进五	炮2进4（图291）
9. 兵七进一	卒3进1	10. 炮四平七	车6进8
11. 帅五平四	卒3进1	12. 相五进七	马5退3
13. 马七进六	卒5进1	14. 兵五进一	炮2退1
15. 相七退五	炮2平5	16. 车九平八	车1平2

17. 炮八进六　后炮平6
18. 帅四平五　士4进5
19. 马六进七　象3进5
20. 车八进四　象5进3
21. 马三进四　炮6退1
22. 炮八退一　炮6进2
23. 马四进三　炮5退2
24. 马七退五　炮5平7
25. 马五进三　炮6退1
26. 炮八退一　象3退5
27. 马三退五　炮6平9
28. 车八退一　马3进5
29. 马五退七　马5进3
30. 兵三进一！炮9进4

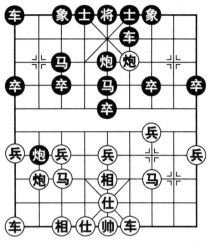

图291

31. 兵三平四　炮9平1
32. 兵四平五　炮1退2
33. 炮八退一　马3退4
34. 炮八进二　马4进3
35. 炮八退二　车2进3？
36. 兵五平六！卒9进1
37. 相七进九　卒9进1
38. 车八退二　卒9平8
39. 兵六平七　炮1平3
40. 炮八退三　卒1进1
41. 车八平六　卒1进1
42. 车六进二　车2平5
43. 车六平八　车5进4
44. 炮八平六　车5退2
45. 炮六进四　士5退4
46. 车八进二　卒1平2
47. 车八退一　士6进5
48. 车八进一　车5退2
49. 炮六进二　卒8平7
50. 炮六平八　炮3退4
51. 炮八进一　卒7平6
52. 车八平六　车5平1
53. 马七进六　车1平3
54. 仕五退四　卒6平5
55. 仕六进五　象7进9
56. 帅五平六！（图292）

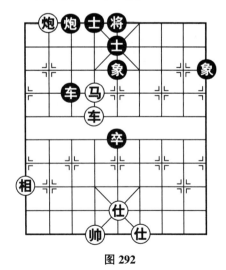

图292

第四章　其　他

第 147 局　胡明胜单霞丽

1. 相三进五　炮 8 平 5
2. 马二进三　卒 7 进 1
3. 车一平二　马 8 进 7
4. 炮二平一　马 2 进 3
5. 兵七进一　炮 2 进 7
6. 车九平八　车 1 平 2
7. 炮八进四　车 9 进 1
8. 车二进六　车 9 平 2 (图 293)
9. 车二平三　马 7 退 5
10. 车八进一！前车进 2
11. 车八平四　炮 5 平 4
12. 炮一进四　前车进 5
13. 仕四进五　象 3 进 5
14. 炮一平五　炮 4 进 6？
15. 车四进八！将 5 平 6
16. 车三平四　将 6 平 5
17. 帅五平四 (图 294)

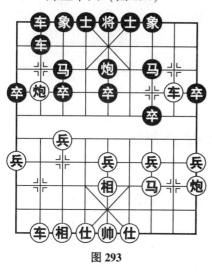

图 293

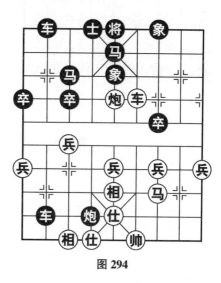

图 294

第 148 局　张晓霞负谢思明

1. 相三进五　炮 8 平 5
2. 马二进三　马 8 进 7
3. 车一平二　车 9 平 8
4. 兵三进一　炮 2 平 4
5. 炮二进四　马 2 进 3
6. 炮八平六　车 1 平 2
7. 马八进九　马 7 退 9（图 295）
8. 炮二平五　炮 5 进 4!
9. 仕六进五　车 8 进 9
10. 马三退二　炮 5 退 2
11. 炮五平一　车 2 进 8
12. 炮六退二　炮 4 平 5
13. 车九平八　车 2 平 4
14. 车八进二　马 9 进 8
15. 马二进四　前炮平 3!
16. 车八退二　马 3 进 5
17. 马四进三　马 5 进 6
18. 炮一退二? 马 6 进 5!（图 296）

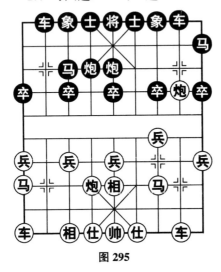

图 295

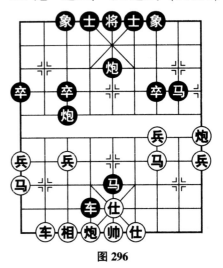

图 296

第 149 局　于幼华负刘星

1. 相三进五　炮 8 平 5
2. 马八进七　马 8 进 7
3. 车九进一　卒 3 进 1
4. 车九平四　炮 2 平 3
5. 车四进四　卒 5 进 1
6. 炮八进三　卒 5 进 1
7. 兵五进一　马 2 进 1（图 297）
8. 车四平七? 马 7 进 5
9. 车七退一　车 9 平 8
10. 马二进四　车 8 进 4
11. 炮八退四　车 1 平 2
12. 炮八平五　马 5 进 3

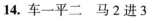

13. 车七平六　马3进2	14. 车一平二　马2进3
15. 车六退三　车8平4!	16. 车六平七　车4进4!
17. 马四进五　车4平3	18. 炮二退一　炮5进4
19. 马七进五　车3进1!	20. 马五进七　车3退2
21. 炮二进八　士4进5	22. 马七进六　车3平4
23. 马六进五　车2进9（图298）	

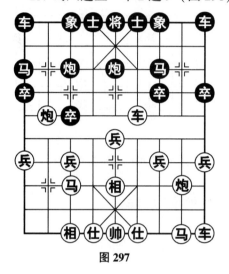

图 297

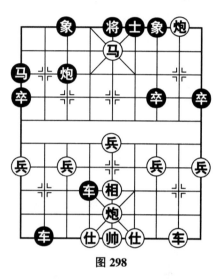

图 298

第150局　李望祥胜徐天红

1. 相三进五　炮8平5
2. 马二进三　马8进7
3. 车一平二　车9平8
4. 马八进九　车8进4
5. 车九进一　卒1进1
6. 炮二进二　马2进1
7. 车九平二　炮2平4
8. 炮二平八　车8平4（图299）
9. 仕六进五　卒7进1
10. 前车进三　马7进6
11. 前车平四　士4进5
12. 车二进九　炮5平6

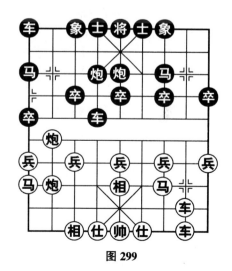

图 299

13. 车四平二　象3进5
14. 兵三进一　车4进4
15. 兵三进一　马6进7
16. 后炮平六　马7进5
17. 炮八平四　马5进7
18. 炮四退三　炮6进5
19. 炮六平五　炮6平1
20. 后车平八　炮1平7
21. 车二退八　车4退4
22. 兵三进一　车4平7
23. 车二平三　炮7退4
24. 车三进四　象5进7
25. 炮五进四　炮4平5
26. 车八平四　车1平4?

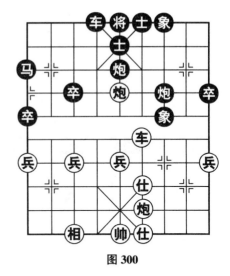

图 300

27. 仕五进四！（图 300）

第 151 局　李来群胜何永祥

1. 相三进五　炮8平5
2. 马二进三　马8进7
3. 车一平二　车9平8
4. 炮二进四　马2进1
5. 兵九进一　车1进1
6. 马八进九　车1平4
7. 车九进一　卒5进1
8. 炮八进四　卒5进1?（图 301）
9. 兵五进一　车4进5
10. 兵五进一　炮2平4
11. 兵三进一　车4退2
12. 兵五进一！炮5退1
13. 炮八进一　马7退9
14. 炮二进一　炮4进7
15. 炮二进一　车4退1
16. 马三进四　炮4平6?
17. 车二平四　车8进1
18. 马四进三　车8退1
19. 马三进二！车8进1
20. 车九平四　炮5平6
21. 前车进七　车8平6

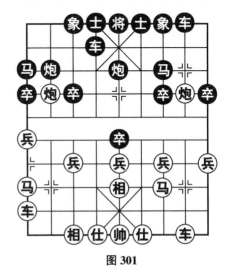

图 301

22. 兵五平六　车6平2

23. 炮八退三　象7进5

24. 炮八平五　士4进5

25. 兵三进一　车2进3

26. 车四进五　车2进4

27. 帅五平四　将5平4

28. 车四平六　将4平5

29. 兵六进一　马1退2

30. 兵六进一（图302）

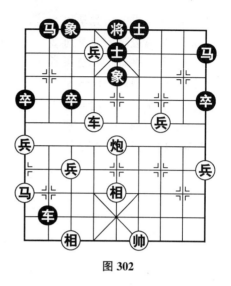

图 302

第 152 局　胡荣华胜林宏敏

1. 相三进五　炮8平5　　　　2. 马二进三　马8进7

3. 车一平二　马2进1　　　　4. 炮二平一　炮2平3

5. 马八进九　车1平2　　　　6. 车九平八　卒1进1

7. 炮八进四　士4进5　　　　8. 兵三进一　车9进1（图303）

9. 马三进四　炮5进4　　　　10. 仕四进五　炮3平4

11. 车二进三　炮5平1

12. 兵七进一　卒1进1?

13. 马四进三　象3进5

14. 兵三进一!　象5进7

15. 炮一平三　象7进5

16. 炮三进二!　炮4进3

17. 炮八进一　士5进4

18. 车二平六　炮4平5

19. 车六进一　炮5进1

20. 车八进三!　车9平8

21. 炮三退四　车8进8

22. 车六平三　士6进5

23. 车八平五　车2进2

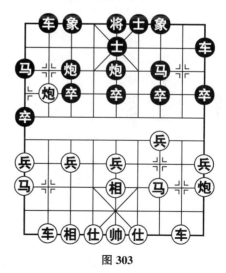

图 303

24. 马三进五　象7退5
25. 车三进三　车2进2
26. 车三平五　车2平6
27. 前车退一　将5平4
28. 后车平六　将4进1
29. 车五退二　马1进2
30. 兵七进一!　卒3进1
31. 车五平九（图304）

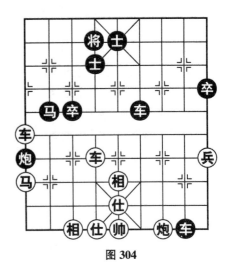

图304

第 153 局　　陈柏祥负刘星

1. 相三进五　炮8平5
2. 马八进七　马8进7
3. 车九进一　车9平8
4. 炮二平三　马2进1
5. 车九平四　炮2平3
6. 炮八进二　卒3进1
7. 车四进四　车1平2
8. 炮八平三　车2进3（图305）
9. 马二进四　卒5进1
10. 车一平二　车8进9
11. 马四退二　车2平5
12. 仕四进五　象7进9
13. 马二进四　士4进5
14. 车四退一　卒7进1
15. 前炮平二　车5平8
16. 炮三平二　车8平7
17. 兵七进一　卒5进1!
18. 兵五进一　卒3进1
19. 马七进五　马7进5
20. 车四进一　炮5进3
21. 前炮平七　炮3平5
22. 炮七退二　马1进3
23. 马五进七　马5进4

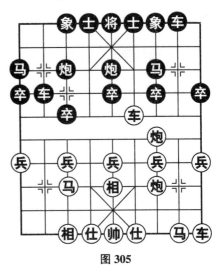

图305

24. 炮七进四? 前炮平 3!

25. 车四平五 马 4 退 3

26. 车五退一 炮 3 退 1

27. 车五平四 马 3 进 5

28. 车四平六 马 5 进 6

29. 车六平四 马 6 进 7

30. 炮二进二 卒 7 进 1

31. 兵三进一 车 7 平 8

32. 兵三进一 炮 3 进 4

33. 炮二进一 车 8 退 1

34. 车四平三 象 9 进 7 (图 306)

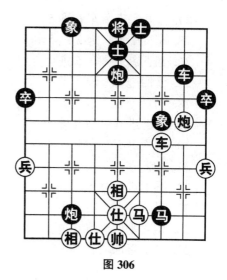

图 306

第 154 局 赵庆阁胜葛铁汉

1. 相三进五 炮 8 平 5
2. 马八进七 马 8 进 7
3. 兵七进一 卒 7 进 1
4. 车九进一 马 2 进 3
5. 马二进四 卒 5 进 1
6. 车一平三 马 7 进 5
7. 兵三进一 炮 5 平 7
8. 车九平六 象 3 进 5
9. 炮二平三 士 4 进 5
10. 炮八进四 车 1 平 4
11. 车六进八 将 5 平 4
12. 车三平二 卒 3 进 1 (图 307)
13. 马四进六 车 9 进 1
14. 炮八平六 卒 3 进 1
15. 马六进七 车 9 平 6
16. 车二进一 将 4 平 5
17. 车二平八 炮 2 进 2
18. 后马进六 炮 2 平 4
19. 炮三退一 士 5 退 4
20. 炮三平七 卒 5 进 1
21. 兵五进一 马 5 进 6
22. 炮七进六 炮 7 平 3
23. 车八进六 炮 3 进 2?

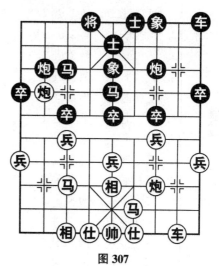

图 307

24. 车八平五　　车6平5
25. 车五平七！　炮3进5
26. 相五退七　　车5进4
27. 仕四进五　　炮4平5
28. 马六退五　　炮5进3
29. 相七进五　　马6进5
30. 炮六退五　　车5平4
31. 仕五进六　　车4平7
32. 马七进八　　士6进5
33. 马八进七　　将5平6
34. 炮六平四　　将6进1
35. 车七退四（图308）

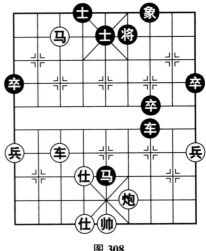

图 308

第 155 局　　陈振国负徐俊杰

1. 相三进五　　炮8平5
2. 马二进三　　马8进7
3. 马八进九　　车9平8
4. 车一平二　　卒1进1
5. 车九进一　　马2进1
6. 车九平六　　炮2平3（图309）
7. 车六进六？　车1平2
8. 炮八平六　　车2进2
9. 炮二进六　　士6进5
10. 车六退二　　车2进5
11. 炮六进二　　马1进2
12. 炮六平七　　马2进3！
13. 车六退二　　炮3进3
14. 车六平七　　炮3进4
15. 相五退七　　车2平7
16. 炮二退四　　车7退1
17. 炮二平七　　象3进1
18. 车二进九　　马7退8
19. 炮七平八　　车7平5
20. 车七平五　　炮5进4
21. 马九进七　　象7进5
22. 马七进六　　炮5退2
23. 马六进八　　象1退3

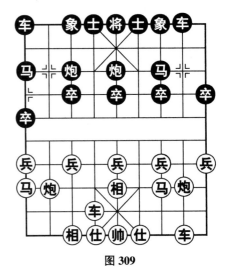

图 309

24. 马八退七　卒 3 进 1
25. 马七退六　卒 7 进 1
26. 炮八退三　马 8 进 7
27. 马六进四　炮 5 进 2
28. 马四退二　卒 3 进 1
29. 炮八平九　卒 3 进 1
30. 炮九进四　炮 5 平 1
31. 兵一进一　卒 5 进 1
32. 炮九退一　卒 5 进 1
33. 相七进五　卒 3 平 4
34. 炮九进一　马 7 进 5
35. 兵一进一　马 5 进 3（图 310）

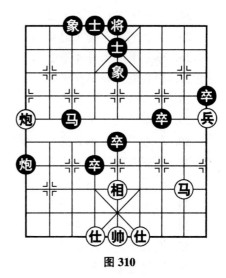

图 310

第 156 局　于幼华胜郝继超

1. 相三进五　炮 8 平 5
2. 马二进三　卒 7 进 1
3. 车一平二　马 8 进 7
4. 炮二平一　卒 3 进 1
5. 炮八平七　马 2 进 1
6. 兵九进一　车 1 平 2
7. 兵九进一　卒 1 进 1
8. 车九进五　炮 2 进 4（图 311）
9. 马八进九　炮 2 平 5
10. 马三进五　炮 5 进 4
11. 仕四进五　象 7 进 5
12. 车九退一　卒 5 进 1
13. 兵三进一　马 7 进 5
14. 兵三进一　马 5 进 7
15. 车九平三　车 2 进 3
16. 炮一平三　马 7 退 6
17. 马九进八　卒 3 进 1
18. 马八退九！卒 3 进 1
19. 马九进七　车 2 平 4
20. 车二进三　炮 5 退 1
21. 马七进五　卒 5 进 1
22. 车三平五　士 4 进 5？
23. 车二平七　马 1 进 2

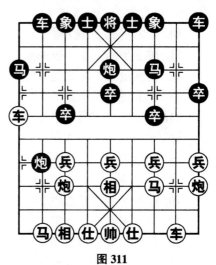

图 311

24. 车七进二！ 车4平2
25. 车七平六 马2退4
26. 车五平六 马4退2
27. 相五进三 车9平8
28. 炮三平五！ 车2平5
29. 后车平八 车5平4
30. 车六平四 车8进9
31. 仕五退四 马6进8
32. 车四平八 马2退4
33. 后车平七 马4进5
34. 炮七进七！ 车4进2
35. 炮五平九 象5退3
36. 炮九进七 象3进5
37. 车八进四 士5退4

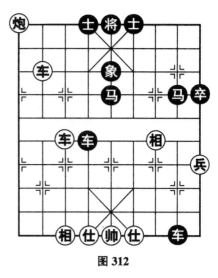

图 312

38. 车八退二（图312）

第157局 刘殿中负柳大华

1. 相三进五 炮8平5
2. 马二进三 马8进7
3. 马八进九 马2进3
4. 炮八平六 车1平2
5. 炮二进二 炮2进5
6. 炮二平七（图313）卒5进1！
7. 炮七进三 马7进5
8. 炮七平六 卒5进1
9. 兵五进一 马5进7
10. 仕六进五 马7进5
11. 帅五平六 车9进1
12. 前炮退三 车2进5
13. 相五进七？ 炮2平7！
14. 车一平三 炮7平6
15. 车三平二 车2进2
16. 后炮退一 车9平6
17. 车九平八 炮6平4！
18. 后炮平七 车2进2
19. 马九退八 炮4退1
20. 帅六平五 车6平4
21. 炮七平六 炮4平5

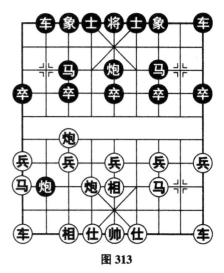

图 313

22. 仕五进六　前炮平 1

23. 仕四进五　炮 1 进 3

24. 相七退九　车 4 平 2

25. 帅五平四　车 2 进 8

26. 后炮退一　车 2 退 4

27. 兵七进一　车 2 进 1

28. 后炮平九　车 2 平 6

29. 帅四平五　车 6 平 4

30. 炮九进六　车 4 退 1

31. 炮九平三　车 4 退 2

32. 炮三退二　马 5 进 3

33. 仕五退六　车 4 平 5

34. 帅五平四　马 3 退 5

35. 仕六进五　车 5 平 6

36. 帅四平五　马 5 进 3

37. 仕五退六　车 6 进 2

38. 车二进四　马 3 进 5（图 314）

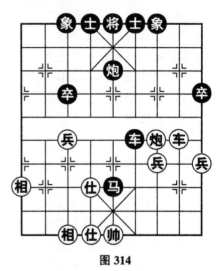

图 314

第 158 局　朱永康胜陈孝堃

1. 相三进五　炮 8 平 5

2. 马八进七　卒 3 进 1

3. 兵三进一　炮 2 平 3

4. 炮二平四　炮 3 进 4

5. 马二进三　马 8 进 9

6. 车一平二　卒 9 进 1

7. 车九平八　马 2 进 3

8. 炮八平九　车 1 平 2?（图 315）

9. 车八进九　马 3 退 2

10. 炮九退一　车 9 平 8

11. 车二进九　马 9 退 8

12. 炮四进六!　马 2 进 3

13. 炮四平二　炮 5 平 8

14. 炮九平一　卒 3 进 1

15. 马七退八　卒 3 平 4

16. 马八进九　炮 3 退 2

17. 炮一进四　卒 4 进 1

18. 仕四进五　象 7 进 5

19. 兵九进一　马 3 进 4

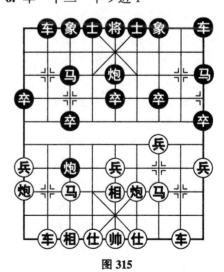

图 315

20. 兵三进一！炮 3 进 3　　　21. 马三进二　马 4 进 6

22. 兵三平四　马 6 进 8　　　23. 兵四进一　炮 3 退 4

24. 炮一进一　卒 4 平 5　　　25. 马九进八　炮 3 退 2

26. 马二进三　前马进 7　　　27. 帅五平四　炮 3 平 6

28. 马三进四　马 8 进 6

29. 兵四进一！马 6 退 8

30. 炮一平二　士 6 进 5

31. 兵四平三　马 8 进 6

32. 兵三平二　马 6 进 8

33. 马八进六　前卒平 6

34. 马六退四　卒 5 进 1

35. 马四进三　卒 5 进 1

36. 兵一进一　马 7 退 8

37. 马三退二　前马进 7

38. 兵一进一　马 8 进 6

39. 后炮平三　卒 5 进 1

40. 马二进四　马 7 退 9

41. 炮二退六（图 316）

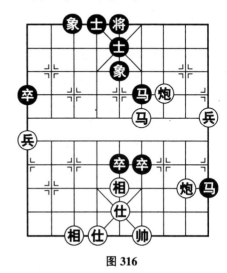

图 316

第 159 局　张晓平胜阎文清

1. 相三进五　炮 8 平 5

2. 马二进三　马 8 进 7

3. 车一平二　车 9 平 8

4. 炮二进四　卒 7 进 1

5. 马八进九　炮 2 进 4

6. 兵七进一　马 2 进 1

7. 车九进一　炮 2 平 7

8. 车九平二　车 1 平 2

9. 炮八平六　卒 1 进 1（图 317）

10. 仕四进五　车 2 进 4

11. 前车进二　卒 7 进 1

12. 兵九进一！卒 1 进 1

13. 相五进三　马 7 进 6

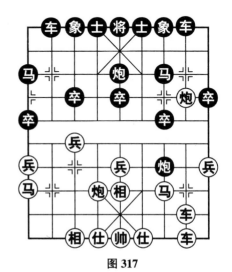

图 317

14. 马九退七 车8进3	15. 前车进三 马6退8
16. 车二进六 车2平7	17. 相三退五 卒5进1
18. 车二平一 卒1进1	19. 车一退二 马1进2
20. 兵七进一! 马2退1	21. 兵七平六 卒1平2
22. 兵六平五 炮5平3	23. 马七进九 车7平5
24. 车一平三 炮7平6	25. 马九进八 象7进5
26. 马三进四 卒3进1	27. 马四进六 炮6退4
28. 兵五进一 车5退1	29. 马六进七 炮6平3
30. 马八进六 炮3退1	
31. 车三平四 卒2平3	
32. 马六进四 士4进5	
33. 炮六进三 士5进6	
34. 马四退三 士6进5	
35. 炮六平一 马1进3?	
36. 马三进四 车5平4	
37. 炮一进一 车4进3	
38. 炮一平七 车4退3	
39. 炮七进一 车4平3	
40. 炮七平八 车3平2	
41. 炮八平四 (图318)	

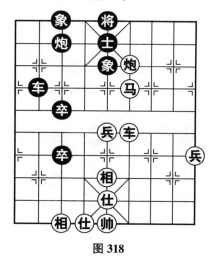

图 318

第160局　崔俊胜侯昭忠

1. 相三进五 炮8平5	2. 马二进三 马8进7
3. 兵三进一 车9平8	4. 车一平二 炮2平4
5. 炮二进四 马2进3	6. 炮八平六 车1平2
7. 马八进七 马7退9 (图319)	8. 炮二退二 车2进6
9. 炮二退一 车8进4	10. 车九进一 卒7进1
11. 兵三进一 车8平7	12. 车九平四 马9进7
13. 仕四进五 卒3进1	14. 车四进七 卒5进1
15. 马三进四 车2退3	16. 车二进二 炮5进4
17. 车二平三 炮5平7	18. 车四平七 车2平3
19. 炮二进一 象7进5	20. 炮六进三! 卒5进1
21. 炮二平五 士6进5	22. 炮六退三 车3平8

23. 炮六进七　将5平4　　24. 车七退一　炮4进3

25. 炮五进四　将4平5　　26. 炮五平八　马7进6

27. 马七进五　炮4平5　　28. 炮八进一　象3进1

29. 炮八退四！象1退3　　30. 车七平六　炮7平6

31. 炮八进四　将5进1　　32. 车六平八　象3进1

33. 车三进三　象5进7　　34. 车八退三　马6退4

35. 车八平六　炮5退3　　36. 马四进六　炮6平3

37. 兵一进一　炮3进2　　38. 车六平四　车8进6

39. 仕五退四　炮3平9　　40. 炮八退八　车8退3

41. 炮八平五　车8平7　　42. 车四进二！马4进2（图320）

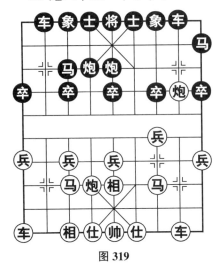

图319

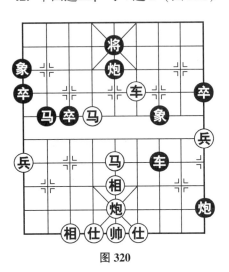

图320

第161局　曾启全胜冯光明

1. 相三进五　炮8平5　　2. 马二进三　马8进7

3. 车一平二　卒7进1　　4. 炮二平一　炮2平4

5. 炮八平六　马2进1　　6. 兵九进一　车1平2

7. 马八进九　士4进5　　8. 车九进一　车2进7（图321）

9. 仕四进五　车9平8　　10. 车二进九　马7退8

11. 炮六进四　马8进7　　12. 炮六平九　炮4平3

13. 车九平六　炮3进4　　14. 车六进三　炮5平3

15. 兵三进一　卒7进1　　16. 车六平三　象3进5

17. 马三进四　车 2 退 4?

18. 兵九进一　前炮退 2

19. 车三进二！后炮平 4

20. 炮一平三　炮 3 平 7

21. 马四退二　象 7 进 9

22. 马九进七　卒 3 进 1

23. 马二进三　象 9 进 7

24. 马七进五　马 7 退 8

25. 马五进四　炮 4 退 1

26. 车三退一　卒 5 进 1

27. 车三平四　马 8 进 9

28. 车四平五！车 2 平 6

29. 车五进二　车 6 平 7

30. 炮三进二　炮 4 进 1

32. 车一平五　卒 3 进 1

34. 车五退二　士 5 进 6

35. 车五平八！炮 4 进 4

36. 车八进二　炮 4 平 5

37. 炮三平四　车 7 平 4

38. 帅五平四　士 6 进 5

39. 车八平九　车 4 平 6

40. 炮四退二　车 6 平 8

41. 车九平七　车 8 进 6

42. 帅四进一　炮 5 平 6

43. 炮四平三　卒 3 平 2

44. 炮三进六　将 4 平 5

45. 车七进二　士 5 退 4

46. 炮三平八（图 322）

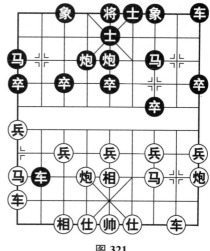

图 321

31. 车五平一　将 5 平 4

33. 兵五进一　卒 3 进 1

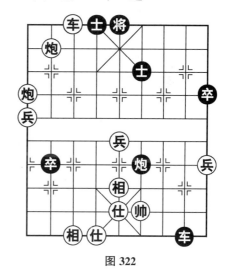

图 322

第 162 局　胡荣华胜张录

1. 相三进五　炮 8 平 5

2. 马八进七　马 8 进 7

3. 兵七进一　马 2 进 1

4. 兵九进一　炮 2 平 4

5. 马七进八　车 9 平 8

6. 马二进四　车 8 进 5

7. 兵三进一　卒 5 进 1

8. 车九进三　卒 5 进 1（图 323）

9. 兵五进一　炮 4 进 3

10. 马八退七　炮 4 平 7

11. 仕四进五　炮 7 进 2

12. 车一平三　炮 7 平 3

13. 炮二平七　车 8 平 5

14. 车三进六　马 7 进 5

15. 炮八进二　车 5 退 1

16. 车九平五　车 5 进 2

17. 马四进五　车 1 平 2

18. 马五进六　车 2 进 4？

19. 兵七进一！车 2 进 1

20. 车三平五　卒 3 进 1

22. 车五平九　马 1 退 3

24. 车九进二　车 2 平 4

26. 马五进四　炮 5 进 3

28. 车七进一　将 4 进 1

30. 炮七平四　车 5 平 9

32. 炮四退五　炮 5 退 3

34. 车三进三　炮 5 进 3

36. 车一平五　炮 5 平 6

37. 车五退三　炮 6 进 3

38. 车五平六　士 5 进 4

39. 炮四进九　车 9 平 6

40. 炮四平七　卒 9 进 1

41. 炮七退七　炮 6 平 9

42. 车六平五　士 4 退 5

43. 炮七平六　士 5 进 6

44. 仕五进四　将 4 退 1

45. 相五进七　士 6 退 5

46. 车五进四　车 6 进 3

47. 仕六进五　车 6 平 8

48. 车五退三（图 324）

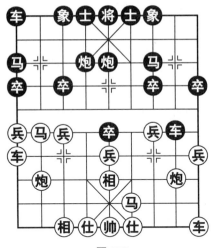

图 323

21. 炮七进七！士 4 进 5

23. 炮七退四　车 2 退 2

25. 马六退五　车 4 进 3

27. 车九平七　将 5 平 4

29. 马四退五　车 4 平 5

31. 车七退五　车 9 进 3

33. 车七平三　象 7 进 9

35. 车三平一　车 9 退 5

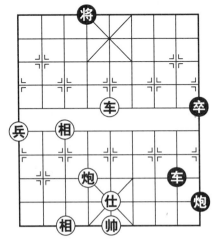

图 324

第 163 局 臧如意胜王嘉良

1. 相三进五	炮 8 平 5	2. 马二进三	卒 7 进 1
3. 兵七进一	炮 2 平 3	4. 马八进九	马 2 进 1
5. 车九平八	车 1 平 2	6. 车一平二	马 8 进 7
7. 炮二平一	卒 1 进 1	8. 炮八进四	车 9 进 1 (图 325)
9. 车二进六	士 4 进 5		
10. 兵三进一	卒 7 进 1		
11. 车二平三	车 9 平 6		
12. 车三退二	车 6 进 3		
13. 炮八退五	炮 5 平 4		
14. 马三进二	车 6 平 4		
15. 炮八平三	车 2 进 9		
16. 马九退八	象 7 进 5		
17. 马二进三	马 1 进 2		
18. 马八进七	车 4 平 8		
19. 马三退四	车 8 进 3		
20. 炮一退二	卒 5 进 1		
21. 马四进六	炮 3 平 2		

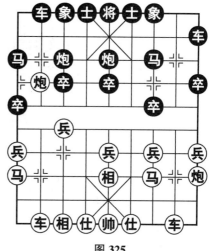

图 325

22. 车三进二	车 8 进 1	23. 兵五进一！	卒 5 进 1
24. 马六进四	马 7 退 8	25. 炮三平五	卒 5 平 6
26. 炮一进六	炮 2 进 1	27. 马四进六	士 5 进 4
28. 车三平七	炮 2 平 9	29. 车七平一	马 2 进 3
30. 车一平六	车 8 退 2	31. 车六进一	士 6 进 5
32. 车六进一	马 8 进 7？	33. 炮五进六	将 5 平 6
34. 炮五平八	马 7 进 5	35. 炮八进二	象 3 进 1
36. 车六进一	将 6 进 1	37. 车六退四！	士 5 进 6
38. 仕六进五	车 8 平 9	39. 车六平五	马 5 退 4
40. 炮八退三	车 9 退 3	41. 炮八退二	车 9 平 6
42. 车五平九	卒 6 平 5	43. 车九进二	车 6 平 2
44. 车九平六	车 2 进 2	45. 车六进一	将 6 退 1
46. 车六进一	将 6 进 1	47. 车六退六！	车 2 进 1
48. 兵九进一	卒 5 平 4	49. 车六平二	将 6 平 5

50. 兵九进一　将5平4　　　**51.** 兵七进一　士6退5

52. 兵七进一　（图326）

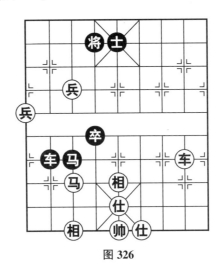

图 326

第 164 局　朱永康胜王嘉良

1. 相三进五　炮8平5　　　**2.** 马八进七　马8进7

3. 车九进一　马2进1　　　**4.** 车九平四　车9平8

5. 炮二平三　炮2平3　　　**6.** 炮八进二　车1平2

7. 炮八平七　马7退5（图327）

8. 仕四进五　卒3进1

9. 炮七进三　马5进3

10. 车四进四　车8进7

11. 炮三平四　车8进1？

12. 炮四进七！士4进5

13. 炮四退三　炮5平8

14. 炮四平一　车2进7

15. 炮一进三　象7进5

16. 马二进四　车2平3

17. 车四进一　车8退5

18. 车四进二　炮8平6

19. 兵一进一　马3进4

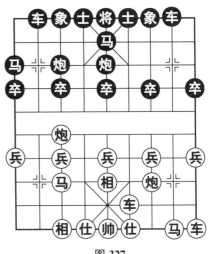

图 327

20. 兵一进一　炮6进1
21. 兵一平二　车8平9
22. 车一进六　炮6平9
23. 车四平三　将5平4
24. 兵二进一　车3退1?
25. 兵二平一　车3平4
26. 车三进一　将4进1
27. 炮一退一　士5进4
28. 车三退三　马4进5
29. 兵一平二　马5退6
30. 兵二进一　车4平6
31. 马四进二　车6平7
32. 车三进二　将4退1
33. 马二进三　马6退8
34. 车三平四　马8进7
35. 兵二进一　士4退5
36. 相五进三　马1进3
37. 车四平五　马3进5
38. 车五平四　车7平6
39. 车四平六　将4平5
40. 兵二平三　车6平9
41. 炮一平二　马5退7
42. 炮二进一　车9退6
43. 兵三进一　车9平8
44. 兵三平二　卒3进1
45. 车六平九　卒3平2
46. 车九退二　马7进6
47. 车九平八　马6进4
48. 车八平五　马4退3
49. 车五平四　卒2进1
50. 车四进二　卒2平1
51. 兵二平三　卒1平2
52. 兵三平四　将5平4
53. 车四平五　（图328）

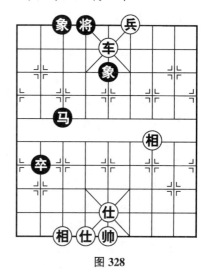

图 328

第 165 局　胡荣华负陈孝堃

1. 相三进五　炮8平5
2. 马二进三　马8进7
3. 兵三进一　车9平8
4. 车一平二　炮2平4
5. 炮二进四　马2进3
6. 炮八平六　车1平2
7. 马八进九　马7退9
8. 炮二退五　卒3进1（图329）
9. 车九平八　车2进9
10. 马九退八　车8进4
11. 炮二平五　车8进5
12. 马三退二　炮4进4
13. 马二进三　卒1进1
14. 炮六平七　象3进1

15. 兵七进一　马3进1

16. 相七进九　卒9进1

17. 相五退三　马9进7

18. 马三进四　炮4平9

19. 马四进六　卒9进1

20. 炮七平八　卒3进1

21. 马六进八　将5进1

22. 相九进七　炮9平1

23. 前马进七　象1退3

24. 马七退六　将5平6

25. 炮五平四　炮5平4!

26. 马八进七　炮1退1

27. 马七进八　马1进3

28. 马八进七　炮1平7

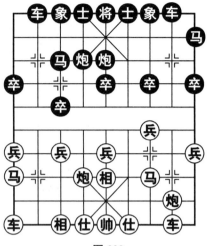

图 329

29. 炮八平四　将6平5

30. 前炮平七　象3进1

31. 马七进八　炮7平4

32. 炮四平九　卒7进1

33. 炮九进六　马7进6!

34. 炮九进一　将5进1

35. 马六退八　马3退2

36. 炮七平八　马2进3

37. 前马退七　将5平6

38. 炮九退一　象7进5

39. 炮八平七　前炮退1

40. 马八退九　将6退1

41. 炮七退一　前炮平5

42. 相三进五　马6进5!

43. 炮九平五　炮5退2

44. 炮七进四　卒1进1

45. 马九退八　炮4进1

46. 马七进六　炮4退1

47. 炮七进三　炮5退1

48. 炮七进一　马5退3

49. 马八进七　卒1平2

50. 仕四进五　卒2进1

51. 相五进七　卒2平3

52. 炮七退六　炮5进1

53. 炮七平九　士6进5

54. 炮九进五　将6进1（图330）

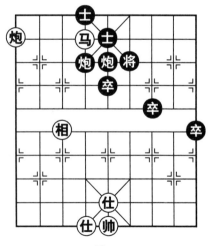

图 330

第166局 李智屏负刘殿中

1. 相三进五 炮8平5 　　　2. 马二进三 马8进7

3. 车一平二 车9平8 　　　4. 炮二进四 卒7进1

5. 马八进九 马2进1 　　　6. 车九进一 卒1进1

7. 车九平二 炮2平4（图331）

8. 炮二平三 车1平2

9. 炮八平六 车8平9

10. 仕四进五 士6进5

11. 前车进三 炮5平6

12. 兵九进一 卒1进1

13. 前车平九 象7进5

14. 车九平四 车2进4

15. 车四进二 炮6退2!

16. 炮三平五 车2平5

17. 车二进六 卒9进1

18. 马九进八 卒9进1

19. 炮五平六 炮4进5

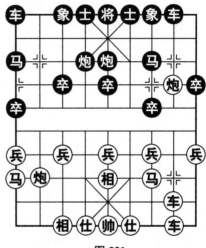

图331

20. 仕五进六 车5平2 　　　21. 车二进一 马7进6

22. 炮六进二 卒9进1 　　　23. 车二退三 卒9平8

24. 仕六退五 卒8平7 　　　25. 炮六退三 前卒进1

26. 车四退一 前卒进1 　　　27. 车四进三 马1退3

28. 炮六退四 车9进9 　　　29. 仕五退四 马3进4

30. 仕六进五 前卒进1! 　　　31. 炮六平八 车2平3

32. 兵七进一 车3平4 　　　33. 相五退三 车9平7

34. 马八进七 车7退2 　　　35. 车四退六 车7退1

36. 车四平六 车4进3 　　　37. 仕五进六 卒7进1

38. 车二退二 车7平5 　　　39. 仕四进五 车5平2

40. 炮八平六 马4进3 　　　41. 炮六退一 卒7平6

42. 相七进五 马3进2 　　　43. 车二进二 车2退3

44. 车二进二 马2进1 　　　45. 车二平四 马1退3

46. 炮六进一 卒6平5 　　　47. 车四平五? 炮6进6!

48. 帅五平四 炮6退4 　　　49. 仕五退六 卒5进1

50. 马七退六　车2进4
51. 仕六进五　车2进2
52. 帅四进一　卒5平6!
53. 车五平四　车2退6
54. 车四退二　卒6平5
55. 仕五进四　车2进4
56. 帅四平五　车2平4
57. 车四平五　象5进3（图332）

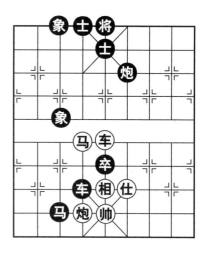

图 332

第167局　于幼华胜赵鑫鑫

1. 相三进五　炮8平5	2. 马二进三　马8进7
3. 车一平二　卒7进1	4. 炮二平一　马2进3
5. 兵七进一　炮2进4	6. 马八进七　炮2平3
7. 车九平八　车1平2	8. 炮八进四　车9进1（图333）
9. 车二进四　炮3平7	10. 炮一退一　车2进1

11. 马七进六　车9平8
12. 车二进四　车2平8
13. 炮一平七　车8平4
14. 马六进七　炮5平6?
15. 车八进五　卒7进1
16. 炮八平五!　车4进7
17. 炮五退二　车4平3
18. 相五进三　车3平7
19. 相三退五　车7退1
20. 车八平三　马7退9
21. 兵七进一　炮6平8
22. 马七进五　士4进5
23. 马五进七　将5平4

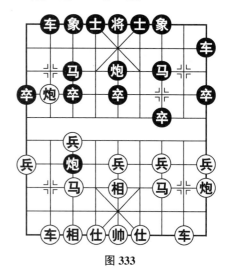

图 333

24. 炮五平六！ 马3进5　　　　25. 车三平六　 马5退4

26. 车六平二　 将4平5　　　　27. 车二进二　 炮7平1

28. 兵七平六　 炮1平4　　　　29. 炮六平五　 将5平4

30. 车二平八　 车7退3　　　　31. 车八进二　 炮4平3

32. 兵六进一　 象7进5　　　　33. 炮五平七！ 将4平5

34. 车八平七　 士5退4　　　　35. 炮七平五　 士6进5

36. 马七退八　 炮3平9　　　　37. 兵六进一　 炮9进3

38. 相五退三　 马4进2　　　　39. 车七退三　 马9进7

40. 相七进五　 车7进2　　　　41. 炮五平八　 车7平5

42. 炮八进三　 车5退3　　　　43. 炮八进二　 象5退3

44. 马八进七　 将5平6　　　　45. 车七退二　 车5平6

46. 仕六进五　 士5进4

47. 车七平三！ 马7退5

48. 马七退五　 将6平5

49. 车三平一　 马5进3

50. 炮八平九　 炮9平8

51. 车一平二　 炮8平9

52. 车二平一　 炮9平8

53. 车一平五　 士4退5

54. 车五平二　 炮8平9

55. 车二进五　 士5退6

56. 马五进七　 将5进1

57. 车二退一　 车6退2

58. 炮九平八 （图334）

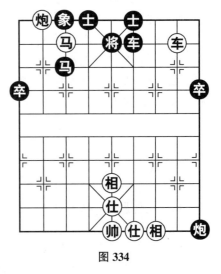

图334

第168局　孙勇征负吕钦

1. 相三进五　 炮8平5　　　　2. 马二进三　 马8进7

3. 兵三进一　 车9平8　　　　4. 车一平二　 炮2平4

5. 炮二进四　 马2进3　　　　6. 马八进九　 马7退9 （图335）

7. 炮八进四　 卒7进1　　　　8. 炮八平五　 士4进5

9. 炮二平三　 车8进9　　　　10. 马三退二　 车1平2

11. 车九平八　 车2进9　　　　12. 马九退八　 卒7进1

13. 炮五退一　 卒7进1　　　　14. 兵七进一　 炮4进4

15. 马八进七　 炮4平3　　　　16. 马二进四　 将5平4

17. 仕六进五　卒7平8
18. 兵九进一　卒9进1
19. 马七进九　炮5平9
20. 仕五退六　马3进5
21. 马四进六　炮3平4
22. 马九退七　炮9进4
23. 马七进六　炮9平5
24. 仕四进五　马9进8
25. 帅五平四　炮5退1
26. 前马进五　炮5退2
27. 马六进八　炮4平3
28. 兵七进一　炮5平6
29. 炮三平七? 炮6进3!
30. 炮七退三　炮6平2

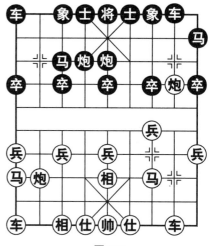

图 335

31. 兵七进一　马8退6
32. 炮五进一　马6进5
33. 兵七平八　卒9进1
34. 兵八平九　卒8平7
35. 前兵平八　象3进5
36. 兵九进一　卒9平8
37. 炮五平七　卒7平6
38. 前炮进一　卒6平5
39. 前炮平八　炮2平1
40. 炮七平八　将4平5
41. 兵九进一　象5退3
42. 前炮进二　士5退4
43. 兵九进一　炮1退1
44. 后炮进一　马5进4
45. 兵九进一　将5进1
46. 后炮平六　炮1进4
47. 帅四进一　象3进1
48. 兵九平八　炮1退5
49. 炮六进一　炮1进4
50. 帅四退一　炮1退1
51. 帅四进一　卒8进1
52. 前兵平七　卒8平7
53. 炮八退一　将5进1
54. 兵八平七　卒7进1
55. 后兵平六　卒5进1!
56. 兵六平五　将5平4
57. 仕五进六　卒7平6
58. 帅四退一　马4退6（图336）

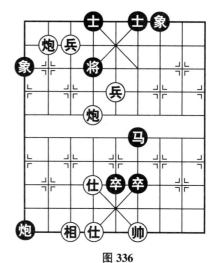

图 336

第 169 局　李来群胜赵国荣

1. 相三进五　炮8平5

3. 马八进七　马2进1

5. 炮二进四　炮2平4（图337）

7. 炮八进四　炮4进5

9. 兵七进一　士6进5

11. 相三进五　炮4平7

13. 马七进六　卒7进1

15. 车二进三　卒6平5

17. 车三进三　马6进4

2. 马二进三　马8进7

4. 车一平二　车9平8

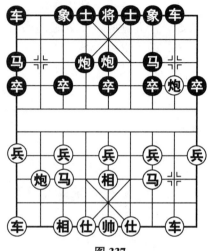

图 337

6. 车九平八　车1平2

8. 相五退三　卒7进1

10. 仕六进五　炮4退1

12. 兵九进一　车2进2

14. 车八进四　卒7平6

16. 车二平三　马7进6

18. 兵五进一　象7进9

20. 车三进三　象9退7

22. 车八退一！炮5进1

24. 车四进四　士5进6

26. 炮五平四　士6退5

28. 炮四进一　象7进5

30. 马三进二　卒9进1

32. 马三进二　将6进1

34. 炮九平一！将6平5

36. 兵四进一　马8退7

38. 相五进七　马1进3

40. 兵四平三　马7进6

42. 兵三进一　马5进7

44. 马二退四　将5平6

46. 马四进二　将6平5

48. 炮一进一　将4进1

19. 炮二平五　车8平7

21. 炮五退一　将5平6

23. 车八平四　车2平6

25. 炮八平五　马4退5

27. 兵五进一　马5进7

29. 兵五平四　马7进8

31. 马二进三　士5进4

33. 炮四平九　卒3进1

35. 炮一平五　将5平6

37. 炮五退一　卒3进1

39. 炮五平一　将6平5

41. 相七进五　马3进5

43. 炮一进三　将5退1

45. 兵三进一　士4进5

47. 兵三平四　将5平4

49. 炮一退三　将4退1

189

50. 帅五平六　马7退6

51. 兵四平五　前马退7

52. 炮一进二　马6进4

53. 兵五平四　马4进3

54. 兵九进一　马3进2

55. 帅六进一　马7进5

56. 仕五进四　马2退3

57. 帅六退一　马5退6

58. 兵一进一　马6退8

59. 兵四进一　（图338）

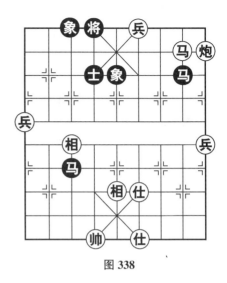

图338

第170局　于幼华胜赵鑫鑫

1. 相三进五　炮8平5

2. 马二进三　马8进7

3. 车一平二　车9平8

4. 兵三进一　马2进1

5. 炮二进四　炮2平4

6. 马八进九　车1平2

7. 车九平八　车2进4

8. 炮八平六　卒1进1　（图339）

9. 车八进五　马1进2

10. 炮六进三　士6进5?

11. 炮六平二!　车8进3

12. 炮二平七　卒3进1

13. 车二进六　马2进1

14. 车二平三　卒1进1

15. 兵三进一　卒1平2

16. 马九退七　马1进3

17. 仕四进五　炮4平3

18. 兵三平四　卒2进1

19. 兵四进一　卒5进1

20. 兵四平五　炮5平6

21. 前兵平六　马7退9

22. 车三平一　象7进9

23. 车一平五　炮6进6

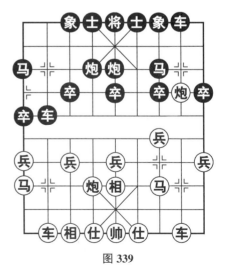

图339

24. 马七退九　炮3进4　　25. 车五退一　卒3进1

26. 马三进四　马9退7　　27. 马四进六　马7进6

28. 车五平四　炮6平8　　29. 车四平二　炮8平7

30. 马六进四　马3退5　　31. 兵六平五　炮7退5

32. 车二平五　马5进3　　33. 仕五进六　象9退7

34. 仕六进五　炮3平8　　35. 车五平二　炮8平4

36. 马四退三　炮7退2　　37. 兵五平四　马6进4

38. 车二退二　卒3进1　　39. 车二进六！士5退6

40. 车二平三　炮7平1　　41. 车三退四　马4进3

42. 车三平七！象3进1　　43. 车七退一　炮1进8

44. 仕五退六　炮4进3　　45. 兵四进一　马3退1

46. 马三进二　士4进5　　47. 仕六退五　炮4退8

48. 相七进九　将5平4

49. 兵四平五　马1退2

50. 帅五平四　炮4进8

51. 帅四进一　炮4退1

52. 帅四退一　炮1平2

53. 车七平五　卒3平4

54. 车五进二　炮4进1

55. 相九退七　炮4退1

56. 相七进九　炮4进1

57. 相九退七　炮4退1

58. 相七进九　象1退3

59. 兵五进一　士6进5

60. 车五进二（图340）

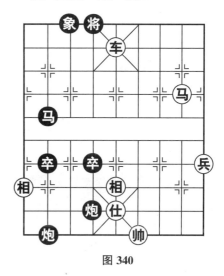

图340